中财传媒版 2025 年度全国会计专
辅导系列丛书 · 注空会 风

经济法基础**要点随身记**

财政部中国财经出版传媒集团　组织编写

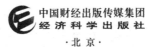

中国财经出版传媒集团
经济科学出版社
·北京·

图书在版编目（CIP）数据

经济法基础要点随身记／财政部中国财经出版传媒
集团组织编写． -- 北京 ： 经济科学出版社，2024. 12.
（中财传媒版 2025 年度全国会计专业技术资格考试辅导系
列丛书）． -- ISBN 978 - 7 -5218 -6540 -0

Ⅰ. D922. 290. 4

中国国家版本馆 CIP 数据核字第 2024LP2276 号

责任校对：孙　晨　　　　责任印制：张佳裕　邱　天

经济法基础要点随身记
JINGJIFA JICHU YAODIAN SUISHENJI

财政部中国财经出版传媒集团　组织编写
经济科学出版社出版、发行　新华书店经销
社址：北京市海淀区阜成路甲 28 号　邮编：100142
总编部电话：010 - 88191217　发行部电话：010 - 88191522
天猫网店：经济科学出版社旗舰店
网址：http://jjkxcbs. tmall. com
北京鑫海金澳胶印有限公司印装
850×1168　64 开　7 印张　240000 字
2024 年 12 月第 1 版　2024 年 12 月第 1 次印刷
ISBN 978 - 7 -5218 -6540 -0　定价：28. 00 元
（图书出现印装问题，本社负责调换。电话：010 -88191545）
（打击盗版举报热线：010 -88191661，QQ：2242791300）

前　　言

2025 年度全国会计专业技术初级资格考试大纲已经公布，辅导教材也已正式出版发行。与 2024 年度相比，新考试大纲及辅导教材的内容都有所变化。为了帮助考生准确理解和掌握新大纲和新教材的内容、顺利通过考试，中国财经出版传媒集团本着为广大考生服务的态度，严格按照新大纲和新教材内容，组织编写了中财传媒版 2025 年度全国会计专业技术资格考试辅导"注定会赢"系列丛书。

该系列丛书包含 5 个子系列，共 9 本图书，具有重点把握精准、难点分析到位、题型题量丰富、模拟演练逼真等特点。本书属于"要点随身记"子系列，以携带方便为特点，进一步将教材中重要、易考、难以记忆的知识点进行归纳总结，以图表形式展现，帮助考生随时随地加深记忆。

中国财经出版传媒集团旗下"中财云知"App 为购买本书的考生提供线上增

值服务。考生使用微信扫描封面下方的防伪码并激活下载 App 后，可免费享有课程讲解、题库练习、学习答疑、每日一练等增值服务。

全国会计专业技术资格考试是我国评价选拔会计人才、促进会计人员成长的重要渠道，是中国式现代化人才战略的重要组成部分。希望广大考生在认真学习教材内容的基础上，结合本丛书准确理解和全面掌握应试知识点内容，顺利通过2025年会计资格考试，在会计事业发展中不断取得更大进步，为中国式现代化建设贡献更多力量！

书中如有疏漏和不当之处，敬请批评指正。

财政部中国财经出版传媒集团

2024 年 12 月

目　　录

第一章 总 论

☞ 掌握法的本质与特征、法的分类与渊源、法律部门与法律体系、法律关系、法律事实

☞ 掌握法律主体的分类、法律主体的资格

☞ 熟悉法和法律的概念、法律责任的概念、法律责任的分类

【要点1】法的概念（熟悉）、本质与特征（掌握）

项　目	内　　容
法的概念	法是由国家制定或认可，以权利义务为主要内容，由国家强制力保证实施的社会行为规范及其相应的规范性文件的总称
法的本质	1. 法所体现的是统治阶级的国家意志，是由统治阶级的物质生活条件决定的，是社会客观需要的反映。 2. 法体现的是统治阶级的"整体意志"和"根本利益"。 3. 法体现的不是统治阶级的一般意志，而是统治阶级的国家意志
法的特征	1. 国家意志性：法是国家制定或认可的规范。 2. 国家强制性：法是凭借国家强制力的保证而获得普遍遵守的效力。 3. 规范性：法是确定人们在社会关系中的权利和义务的行为规范。 4. 明确公开性和普遍约束性：法是明确而普遍适用的规范

【要点2】法的分类（掌握）

分类	标准依据
根本法和普通法	根据法的内容、效力和制定程序所作的分类
一般法和特别法	根据法的空间效力、时间效力或对人的效力所作的分类
实体法和程序法	根据法的内容所作的分类
国际法和国内法	根据法的主体、调整对象和渊源所作的分类
公法和私法	较多学者认为是根据法律运用的目的所作的分类； 也有学者认为是按法律所调整的社会关系的状况所作的分类
成文法和不成文法	根据法的创制方式和表现形式所作的分类

【要点3】法的渊源（掌握）

我国法的主要渊源	内容
宪法	宪法由国家最高立法机关即全国人大制定，是国家的根本大法。宪法规定国家的基本制度和根本任务、公民的基本权利和义务，具有最高的法律效力
法律	法律由全国人大及其常委会制定。全国人大制定和修改刑事、民事、国家机构的和其他的基本法律；全国人大常委会制定和修改除应当由全国人大制定的法律以外的其他法律
行政法规	行政法规是由国家最高行政机关即国务院在法定职权范围内为实施宪法和法律而制定、发布的规范性文件，通常冠以条例、办法、规定等名称
地方性法规、自治条例和单行条例	省、自治区、直辖市的人大及其常委会根据本行政区域的具体情况和实际需要，在不同宪法、法律和行政法规相抵触的前提下，可以制定地方性法规

续表

我国法的主要渊源	内 容
特别行政区的法	全国人大制定的特别行政区基本法以及特别行政区依法制定并报全国人大常委会备案的、在该特别行政区内有效的规范性法律文件，属于特别行政区的法
规章	国务院各部、委员会、中国人民银行、审计署和具有行政管理职能的直属机构以及法律规定的机构，可以根据法律和国务院的行政法规、决定、命令，在本部门的权限范围内，制定规章。部门规章规定的事项应当属于执行法律或者国务院的行政法规、决定、命令的事项
国际条约	国际条约属于国际法而不属于国内法的范畴，但我国缔结和参加的国际条约对于我国的国家机关、社会团体、企业、事业单位和公民也有约束力

【要点4】法的时间效力（掌握）

项目	内　容
定义	是指法的效力的起始和终止的时限以及对其实施以前的事件和行为有无溯及力
生效期限方式	明确规定一个具体生效时间
	规定具备何种条件后开始生效
法的终止	明示终止
	默示终止
我国法的终止方式	新法取代旧法
	有的法在完成一定的历史任务后不再适用
	由有权的国家机关发布专门的决议、决定，废除某些法律
	同一国家机关制定的法，虽然名称不同，在内容上旧法与新法发生冲突或相互抵触时，以新法为准，旧法中的有关条款自动终止效力

续表

项目	内 容
法的溯及力	又称法的溯及既往的效力，是指新法对其生效前发生的行为和事件是否适用。如果不适用，就没有溯及力；如果适用，新法就有溯及力。我国法律采用的是从旧兼从轻原则，就是说原则上新法无溯及力，对行为人适用旧法，但新法对行为人的处罚较轻时则适用新法

学习心得 ....

....

....

....

....

....

【要点5】法的空间效力（掌握）

项目	内　容
定义	是指法在哪些空间范围或地域范围内发生效力。法的空间效力与国家主权直接相关，法直接体现国家主权，它适用于该国主权所及一切领域，包括领陆、领水及其底土和领空；也包括延伸意义的领土，如驻外使馆；还包括在境外的飞行器和停泊在境外的船舶。一般分为域内效力与域外效力两个方面
我国法的域内效力	在全国范围内有效：在我国，由全国人大及其常委会、国务院制定的规范性法律文件，如宪法、法律、行政法规，除法律有特别规定的外，均在全国范围内有效。 在我国局部地区有效：我国地方人大及其常委会、人民政府依法制定的地方性法规及地方政府规章，民族自治地方制定的自治条例与单行条例，在其管辖范围内有效
我国法的域外效力	我国在互相尊重领土主权的基础上，本着保护本国利益和公民权益的精神和原则，也规定了某些法律或某些法律条款具有域外效力

【要点6】法的对人效力（掌握）

项目	内 容
定义	亦称法的对象效力，是指法适用于哪些人或法适用主体的范围
我国法律对人效力	采用的是结合主义原则，即以属地主义为主，但又结合属人主义与保护主义的一项原则
我国法律对中国公民的效力	凡是中华人民共和国的公民，在中国领域内一律适用中国法律，平等地享有法律权利和承担法律义务。中国公民在国外的，仍然受中国法律的保护，也有遵守中国法律的义务
我国法律对外国人的效力	凡在中国领域内的外国人均应遵守中国法律。但在刑事领域，对有外交特权和豁免权的外国人犯罪需要追究刑事责任的，通过外交途径解决

【要点7】法的效力冲突及解决方式（掌握）

<table>
<tr><td colspan="2" align="center">解决法的效力冲突的一般原则</td></tr>
<tr><td>根本法优于
普通法</td><td>在成文宪法国家，宪法是国家根本法，具有最高法律效力，普通法必须以宪法为依据，不得同宪法相抵触</td></tr>
<tr><td>上位法优于
下位法</td><td>不同位阶的法之间发生冲突，遵循上位法优于下位法的原则，适用上位法</td></tr>
<tr><td>新法优于
旧法</td><td>同一国家机关在不同时期颁布的法产生冲突时，遵循新法优于旧法的原则</td></tr>
<tr><td>特别法优
于一般法</td><td>这一原则的适用是有条件的，这就是要求必须是同一国家机关制定的法，并包括以下两种情况：一是指在适用对象上，对特定主体和特定事项的法，优于对一般主体和一般事项的法；二是指在适用空间上，对特定时间和特定区域的法，优于平时和一般地区的法</td></tr>
</table>

续表

解决法的效力冲突的特殊方式（以我国为例）	
法律之间对同一事项的新的一般规定与旧的特别规定不一致	由全国人大常委会裁决
行政法规之间对同一事项的新的一般规定与旧的特别规定不一致	由国务院裁决
地方性法规、规章之间不一致时	由有关机关依照规定的权限作出裁决
同一机关制定的新的一般规定与旧的特别规定不一致时	由制定机关裁决
地方性法规与部门规章之间对同一事项的规定不一致	由国务院提出意见，国务院认为应当适用地方性法规的，应当决定在该地方适用地方性法规的规定，认为应当适用部门规章的，应当提请全国人大常委会裁决
部门规章之间、部门规章与地方政府规章之间对同一事项的规定不一致时	由国务院裁决
根据授权制定的法规与法律规定不一致时	由全国人大常委会裁决

【要点8】法律关系（掌握）

　　法律关系是法律规范在调整人们的行为过程中所形成的一种特殊的社会关系，即法律上的权利与义务关系。法律关系是指被法律规范所调整的权利与义务关系。

法律关系三要素	具体内容
主体	又称法律主体，是指参加法律关系，依法享有权利和承担义务的当事人
内容	是指法律关系主体所享有的权利和承担的义务
客体	法律关系客体是指法律关系主体的权利和义务所指向的对象。法律关系的客体主要包括以下五类： （1）物。物可以是自然物，也可以是人造物，还可以是财产物品的一般价值表现形式；物既可以是有体物也可以是无体物。 （2）人身、人格。人的整体只能是法律关系的主体，不能作为法律关系的客体；而人的部分是可以作为客体的"物"。

续表

法律关系三要素	具体内容
客体	（3）智力成果。智力成果是人们通过脑力劳动创造的能够带来经济价值的精神财富，主要是知识产权的客体。 （4）信息、数据、网络虚拟财产。作为法律关系客体的信息，是指有价值的情报或资讯，如矿产情报、产业情报、国家机密、商业秘密、个人隐私等。 （5）行为。行为作为法律关系的客体不是指人们的一切行为，而是指法律关系的主体为达到一定目的所进行的作为（积极行为）或不作为（消极行为），是人的有意识的活动

 法律关系客体应当具备的特征是：能为人类所控制并对人类有价值。

【要点9】法律事实（掌握）

　　任何法律关系的发生、变更和消灭，都要有法律事实的存在。法律事实是法律关系发生、变更和消灭的直接原因。按照是否以当事人的意志为转移的标准，可以将法律事实划分为法律事件、法律行为和事实行为。

项目	内　容
法律事件	自然现象，又称自然事件、绝对事件，如地震、洪水、台风、森林大火等自然灾害或者生老病死、意外事故等
	社会现象，又称社会事件、相对事件，如社会革命、战争、重大政策的改变等
法律行为	合法行为与违法行为：根据行为是否符合法律规范的要求所作的分类
	积极行为与消极行为：根据行为的表现形式不同所作的分类
	有偿行为和无偿行为：根据行为人取得权利是否需要支付对价而对法律行为所作的分类

续表

项目	内 容
法律行为	单方行为与多方行为：根据作出意思表示的主体数量所作的分类
	要式行为和非要式行为：根据行为是否需要特定形式或实质要件所作的分类
	自主行为与代理行为：根据主体实际参与行为的状态所作的分类
事实行为	民事领域中，在法律行为之外还存在事实行为，事实行为是与法律关系主体的意思表示无关，由法律直接规定法律后果的行为。民法中常见的事实行为有无因管理行为、正当防卫行为、紧急避险行为以及侵权行为、违约行为、遗失物的拾得行为、埋藏物的发现行为等

【要点 10】法律主体——自然人（掌握）

项目	内　　容
自然人的概念	是指具有生命的个体的人，是基于出生而取得主体资格的人。既包括中国公民，也包括居住在中国境内或在境内活动的外国公民和无国籍人
自然人的出生时间和死亡时间	自然人的出生时间和死亡时间，以出生证明、死亡证明记载的时间为准；没有出生证明、死亡证明的，以户籍登记或者其他有效身份登记记载的时间为准。有其他证据足以推翻以上记载时间的，以该证据证明的时间为准
自然人的住所	自然人以户籍登记或者其他有效身份登记记载的居所为住所；经常居所与住所不一致的，经常居所视为住所

【要点 11】法律主体——法人（掌握）

项目	内 容	
法人制度	法人的分类	营利法人、非营利法人、特别法人
	法定代表人	以法人名义从事的民事活动，其法律后果由法人承受
	设立中的责任承担	设立人为设立法人从事的民事活动，其法律后果由法人承受；法人未成立的，其法律后果由设立人承受，设立人为二人以上的，享有连带债权，承担连带债务；设立人为设立法人以自己的名义从事民事活动产生的民事责任，第三人有权选择请求法人或设立人承担
	合并和分立	法人合并的，其权利和义务由合并后的法人享有和承担；法人分立的，其权利和义务由分立后的法人享有连带债权，承担连带债务，但债权人和债务人另有约定的除外

项目	内　容	
法人制度	法人解散的法定情形	1. 法人章程规定的存续期间届满或者法人章程规定的其他解散事由出现； 2. 法人的权力机构决议解散； 3. 因法人合并或者分立需要解散； 4. 法人依法被吊销营业执照、登记证书，被责令关闭或者被撤销； 5. 法律规定的其他情形
	法人终止的法定情形	1. 法人解散； 2. 法人被宣告破产； 3. 法律规定的其他原因

续表

项目		内　容
法人制度	法人的清算	1. 法人解散的，除合并或者分立的情形外，清算义务人应当及时组成清算组进行清算。 2. 法人的董事、理事等执行机构或者决策机构的成员为清算义务人。法律、行政法规另有规定的，依照其规定。 3. 清算义务人未及时履行清算义务，造成损害的，应当承担民事责任；主管机关或者利害关系人可以申请人民法院指定有关人员组成清算组进行清算。 4. 清算期间法人存续，但是不得从事与清算无关的活动。 5. 法人清算后的剩余财产，按照法人章程的规定或者法人权力机构的决议处理。法律另有规定的，依照其规定。 6. 清算结束并完成法人注销登记时，法人终止；依法不需要办理法人登记的，清算结束时，法人终止。法人被宣告破产的，依法进行破产清算并完成法人注销登记时，法人终止
	分支机构	法人可以依法设立分支机构，分支机构以自己的名义从事民事活动，产生的民事责任由法人承担；也可以先以该分支机构管理的财产承担，不足以承担的，由法人承担

续表

项目	内 容	
营利法人	公司制营利法人	有限责任公司
		股份有限公司
	非公司制营利法人	全民所有制企业
		集体所有制企业等
	营利法人的组织机构	设立营利法人应当依法制定法人章程，设权力机构、执行机构、监事会或者监事等监督机构
	营利法人的出资人	营利法人的出资人不得滥用出资人权利损害法人或者其他出资人的利益；不得滥用法人独立地位和出资人有限责任损害法人债权人的利益；营利法人的控股出资人、实际控制人、董事、监事、高级管理人员不得利用其关联关系损害法人的利益

续表

项目	内　　容
非营利法人	包括事业单位、社会团体、基金会、社会服务机构、捐助法人和宗教活动场所法人等
特别法人	包括机关法人、农村集体经济组织法人、城镇农村的合作经济组织法人、基层群众性自治组织法人

学习心得 ....

....

....

....

....

....

【要点 12】法律主体——非法人组织（掌握）

项目	内　　容
分类	个人独资企业
	合伙企业
	不具法人资格的专业服务机构等
债务承担	非法人组织的财产不足以清偿债务的，其出资人或者设立人承担无限责任。法律另有规定的，依照其规定
代表	非法人组织可以确定一人或者数人代表该组织从事民事活动
解散	非法人组织解散情形： （1）章程规定的存续期间届满或者章程规定的其他解散事由出现； （2）出资人或者设立人决定解散； （3）法律规定的其他情形。 非法人组织解散的，应当依法进行清算

【要点 13】法律主体——国家（掌握）

项目	内　容
国家	特殊情况下，国家可以作为一个整体成为法律主体
情形	国家财产所有权唯一和统一的主体 国际公法关系的主体 对外贸易关系中的债权人或债务人

学习心得 ....

....

....

....

....

【要点14】法律主体的资格（掌握）

主体资格	具体内容
权利能力	自然人的权利能力：自然人从出生时起到死亡时止，具有民事权利能力，依法享有民事权利，承担民事义务。自然人的民事权利能力一律平等
	法人的权利能力：法人权利能力的范围由法人成立的宗旨和业务范围决定，自法人成立时产生，至法人终止时消灭
行为能力	自然人的行为能力不同于其权利能力，具有行为能力必须首先具有权利能力，但具有权利能力并不必然具有行为能力。确定自然人有无行为能力，一看能否认识自己行为的性质、意义和后果；二看能否控制自己的行为并对自己的行为负责。法人的行为能力和权利能力是一致的，同时产生、同时消灭

【要点15】自然人的民事行为能力（掌握）

类型	界定标准
完全民事行为能力人	18周岁以上（≥18周岁）的自然人是成年人，具有完全民事行为能力
	16周岁以上（≥16周岁）的未成年人，以自己的劳动收入为主要生活来源的，视为完全民事行为能力人
限制民事行为能力人	8周岁以上（≥8周岁）的未成年人，不能完全辨认自己行为的成年人为限制民事行为能力人
无民事行为能力人	不满8周岁（＜8周岁）的未成年人、8周岁以上的未成年人不能辨认自己行为的、不能辨认自己行为的成年人为无民事行为能力人

【要点16】自然人的刑事责任能力（掌握）

行为人	刑事责任能力
已满16周岁的人犯罪（≥16周岁）	应当负刑事责任
已满14周岁不满16周岁的人（14周岁≤人＜16周岁），犯故意杀人、故意伤害致人重伤或者死亡、强奸、抢劫、贩卖毒品、放火、爆炸、投放危险物质罪的	应当负刑事责任
已满12周岁不满14周岁的人（12周岁≤人＜14周岁），犯故意杀人、故意伤害罪，致人死亡或者以特别残忍手段致人重伤造成严重残疾，情节恶劣，经最高人民检察院核准追诉的	应当负刑事责任
已满12周岁不满18周岁的人犯罪（12周岁≤人＜18周岁）	应当从轻或者减轻处罚

续表

行为人	刑事责任能力
因不满 16 周岁不予刑事处罚的（＜16 周岁）	责令其父母或者其他监护人加以管教；在必要的时候，依法进行专门矫治教育
已满 75 周岁的人（≥75 周岁）故意犯罪的	可以从轻或者减轻处罚；过失犯罪的，应当从轻或者减轻处罚
精神病人在不能辨认或者不能控制自己行为的时候造成危害结果，经法定程序鉴定确认的	不负刑事责任，但是应当责令他的家属或者监护人严加看管和医疗；在必要的时候，由政府强制医疗。间歇性的精神病人在精神正常的时候犯罪，应当负刑事责任。尚未完全丧失辨认或者控制自己行为能力的精神病人犯罪的，应当负刑事责任，但是可以从轻或者减轻处罚
醉酒的人犯罪	应当负刑事责任
又聋又哑的人或者盲人犯罪	可以从轻、减轻或者免除处罚

【要点17】法律责任（熟悉）

责任种类		承担方式
民事责任		承担民事责任的方式主要有以下11种：（1）停止侵害。（2）排除妨碍。（3）消除危险。（4）返还财产。（5）恢复原状。（6）修理、重作、更换。（7）继续履行。（8）赔偿损失。（9）支付违约金。（10）消除影响、恢复名誉。（11）赔礼道歉。 以上承担民事责任的方式，可以单独适用，也可以合并适用
行政责任	行政处罚	1. 警告、通报批评。 2. 罚款、没收违法所得、没收非法财物。 3. 暂扣许可证件、降低资质等级、吊销许可证件。 4. 限制开展生产经营活动、责令停产停业、责令关闭、限制从业。 5. 行政拘留。 6. 法律、行政法规规定的其他行政处罚
	行政处分	警告、记过、记大过、降级、撤职、开除六类
刑事责任	主刑	1. 管制：期限为3个月以上2年以下。 2. 拘役：期限为1个月以上6个月以下。 3. 有期徒刑：除特殊情况外，有期徒刑的期限为6个月以上15年以下。

续表

责任种类		承担方式
刑事责任	主刑	4. 无期徒刑。 5. 死刑：对于应当判处死刑的犯罪分子，如果不是必须立即执行的，可以判处死刑同时宣告缓期2年执行
	附加刑	1. 罚金。 2. 剥夺政治权利。 3. 没收财产。 4. 驱逐出境
	数罪并罚	判决宣告以前一人犯数罪的，除判处死刑和无期徒刑的以外，应当在总和刑期以下、数刑中最高刑期以上，酌情决定执行的刑罚。但是管制最高不能超过3年；拘役最高不能超过1年；有期徒刑总和刑期不满35年的，最高不能超过20年；总和刑期在35年以上的，最高不能超过25年。数罪中有判处附加刑的，附加刑仍须执行，其中附加刑种类相同的，合并执行，种类不同的，分别执行

第二章 会计法律制度

- ☞ 熟悉会计法律制度的构成
- ☞ 掌握《会计法》的适用范围
- ☞ 掌握会计工作管理体制
- ☞ 掌握会计核算、会计档案管理、会计监督的规定
- ☞ 掌握会计机构的规定
- ☞ 熟悉代理记账的规定
- ☞ 掌握会计岗位设置、会计人员及会计工作交接的规定
- ☞ 掌握违反国家统一会计制度的法律责任
- ☞ 掌握伪造、变造会计资料，编制虚假财务会计报告及隐匿或故意销毁会计资料的法律责任
- ☞ 掌握授意、指使、强令会计机构及人员从事会计违法行为的法律责任
- ☞ 掌握单位负责人打击报复会计人员的法律责任
- ☞ 熟悉财政部门及有关行政部门工作人员职务违法的法律责任

【要点1】《会计法》的适用范围及会计工作管理体制（掌握）

项目	内　容
《会计法》的 适用范围	1. 适用范围包括国家机关、社会团体、公司、企业、事业单位和其他组织（以下统称单位）的会计事务。 2. 国家统一的会计制度由国务院财政部门根据《会计法》制定并公布
会计工作的 行政管理	1. 国务院财政部门主管全国的会计工作。 2. 县级以上地方各级人民政府财政部门管理本行政区域内的会计工作
单位内部的 会计工作管理	1. 单位负责人是指单位法定代表人或者法律、行政法规规定代表单位行使职权的主要负责人。 2. 单位负责人对本单位的会计工作和会计资料的真实性、完整性负责。 3. 单位负责人应保证会计机构、会计人员依法履行职责，不得授意、指使、强令会计机构、会计人员违法办理会计事项

【要点2】会计核算基本要求（掌握）

基本要求	内　　容
依法建账	1. 应按照《会计法》和国家统一的会计制度规定建立会计账册，进行会计核算。 2. 各项经济业务事项应在依法设置的会计账簿上统一进行登记、核算。 3. 不得违反规定私设会计账簿进行登记、核算
根据实际发生的经济业务进行会计核算	根据实际发生的经济业务事项，取得可靠的凭证，并据此登记账簿，编制财务会计报告，形成符合质量标准的会计资料（会计信息）。 提示：以实际发生的经济业务为依据，体现了会计核算的真实性和客观性要求
保证会计资料的真实和完整	1. 会计资料的真实性和完整性是会计资料最基本的质量要求，是会计工作的生命。 提示：（1）会计资料的真实性主要是指会计资料所反映的内容和结果，应当同单位实际发生的经济业务的内容及其结果相一致。（2）会计资料的完整性，主要是指构成会计资料的各项要素都必须齐全，以使会计资料如实、全面地记录和反映经济业务发生情况，便于会计资料使用者全面、准确地了解经济活动情况。

续表

基本要求	内 容
保证会计资料的 真实和完整	2. 伪造、变造会计资料是造成会计资料不真实、不完整的重要手段之一。 (1) 伪造会计资料，包括伪造会计凭证和伪造会计账簿（以虚假经济业务为前提）。 (2) 变造会计资料，包括变造会计凭证和变造会计账簿（以涂改、拼接、挖补等手段）。 提示：任何单位和个人不得伪造、变造会计凭证、会计账簿及其他会计资料，不得提供虚假的财务会计报告
正确采用会计 处理方法	1. 会计核算应当按照规定的会计处理方法进行，保证会计指标的口径一致、相互可比和会计处理方法的前后各期相一致，不得随意变更。 2. 确有必要变更的，应当按照国家统一的会计制度的规定变更，并将变更的原因、情况及影响在财务会计报告中说明。 提示：采用不同的会计处理方法，或者在不同会计期间采用不同的会计处理方法，都会影响会计资料的一致性和可比性

续表

基本要求	内　　容
正确使用会计记录文字	1. 会计记录的文字应当使用中文。 2. 在民族自治地方，会计记录可以同时使用当地通用的一种民族文字。 3. 在中华人民共和国境内的外商投资企业、外国企业和其他外国组织的会计记录可以同时使用一种外国文字
使用电子计算机进行会计核算	1. 会计电算化，是采用电子计算机为工具，替代手工记账、算账、报账，完成对会计信息的分析、预测和决策的过程，是现代化大生产和新技术革命的必然产物。 2. 使用电子计算机进行会计核算的，其软件及其生成的会计凭证、会计账簿、财务会计报告和其他会计资料，也必须符合国家统一的会计制度的规定

【要点3】会计核算其他内容（掌握）

项目	具体内容
会计核算的主要内容	1. 资产的增减和使用。 2. 负债的增减。 3. 净资产的增减。 4. 收入、支出、费用、成本的计算。 5. 财务成果的计算和处理。 6. 需要办理会计手续、进行会计核算的其他事项
会计年度	以公历年度（公历1月1日起至12月31日止）为会计年度。 提示：每一个会计年度还可以按照公历日期具体划分为半年度、季度和月度
记账本位币	会计核算以人民币为记账本位币。 提示：业务收支以人民币以外的货币为主的单位，可以选定其中一种货币作为记账本位币，但是编报的财务会计报告应当折算为人民币

【要点4】原始凭证（掌握）

项目	具体内容
基本内容	1. 凭证的名称。 2. 填制凭证的日期。 3. 填制凭证单位名称或者填制人姓名。 4. 经办人员的签名或者盖章。 5. 接受凭证单位名称。 6. 经济业务内容。 7. 数量、单价和金额
基本要求	1. 从外单位取得的原始凭证，必须盖有填制单位的公章；从个人取得的原始凭证，必须有填制人员的签名或者盖章。 2. 自制原始凭证必须有经办单位领导人或者其指定的人员签名或者盖章。 3. 对外开出的原始凭证，必须加盖本单位公章。 4. 凡填有大写和小写金额的原始凭证，大写与小写金额必须相符。 5. 购买实物的原始凭证，必须有验收证明。 6. 支付款项的原始凭证，必须有收款单位和收款人的收款证明。

续表

项目	具体内容
基本要求	7. 一式几联的原始凭证，应当注明各联的用途，只能以一联作为报销凭证。 8. 发生销货退回的，除填制退货发票外，还必须有退货验收证明，退款时，必须取得对方的收款收据或者汇款银行的凭证，不得以退货发票代替收据。 9. 职工公出借款凭据，必须附在记账凭证之后。收回借款时，应另开收据或退还借据副本，不得退还原借款收据。 10. 经上级有关部门批准的经济业务，应当将批准文件作为原始凭证附件。如果批准文件需要单独归档，应当在凭证上注明批准机关名称、日期和文件字号
审核	1. 对不真实、不合法的原始凭证有权不予接受，并向单位负责人报告。 2. 对记载不准确、不完整的原始凭证予以退回，并要求按照国家统一的会计制度的规定更正、补充。 3. 原始凭证记载的各项内容均不得涂改；原始凭证有错误的，应当由出具单位重开或者更正，更正处应当加盖出具单位印章。原始凭证金额有错误的，应当由出具单位重开，不得在原始凭证上更正

【要点5】记账凭证（掌握）

项目	具体内容
凭证种类	记账凭证应根据经过审核的原始凭证及有关资料编制。记账凭证分为收款凭证、付款凭证和转账凭证，也可以使用通用记账凭证
基本内容	1. 填制凭证的日期。 2. 凭证编号。 3. 经济业务摘要。 4. 会计科目。 5. 金额。 6. 所附原始凭证张数。 7. 填制凭证人员、稽核人员、记账人员、会计机构负责人（会计主管人员）签名或者盖章。 提示：（1）收款和付款记账凭证还应当由出纳人员签名或者盖章。（2）实行会计电算化的单位，打印出的机制记账凭证要加盖制单人员、审核人员、记账人员及会计机构负责人（会计主管人员）印章或者签字
基本要求	1. 填制记账凭证时，应当对记账凭证进行连续编号。一笔经济业务需要填制两张以上记账凭证的，可以采用分数编号法编号。

续表

项目	具体内容
基本要求	2. 记账凭证可以根据每一张原始凭证填制，或者根据若干张同类原始凭证汇总填制，也可以根据原始凭证汇总表填制。但不得将不同内容和类别的原始凭证汇总填制在一张记账凭证上。 3. 除结账和更正错误的记账凭证可以不附原始凭证外，其他记账凭证必须附有原始凭证
错误更正	1. 如果在填制记账凭证时发生错误，应当重新填制。 2. 已经登记入账的记账凭证，在当年内发现填写错误时，可以用红字填写一张与原内容相同的记账凭证，在摘要栏注明"注销某月某日某号凭证"字样，同时再用蓝字重新填制一张正确的记账凭证，注明"订正某月某日某号"凭证字样。 3. 如果会计科目没有错误，只是金额错误，也可以将正确数字与错误数字之间的差额，另编一张调整的记账凭证，调增金额用蓝字，调减金额用红字。 4. 发现以前年度记账凭证有错误的，应当用蓝字填制一张更正的记账凭证
空行的处理	填制完经济业务事项后，如有空行，应当自金额栏最后一笔金额数字下的空行处至合计数字上的空行处划线注销

【要点6】会计凭证的保管（掌握）

项目	具体内容
基本要求	1. 会计机构、会计人员要妥善保管会计凭证，及时传递，不得积压。 2. 会计凭证登记完毕后，应当按照分类和编号顺序保管。 3. 记账凭证应当连同所附的原始凭证或者原始凭证汇总表，按照编号顺序，折叠整齐，按期装订成册，并加具封面，注明单位名称、年度、月份和起讫日期、凭证种类、起讫号码，由装订人在装订线封签外签名或者盖章
数量过多的原始凭证的保管要求	1. 可以单独装订保管，在封面上注明记账凭证日期、编号、种类，同时在记账凭证上注明"附件另订"和原始凭证名称及编号。 2. 各种经济合同、存出保证金收据以及涉外文件等重要原始凭证，应当另编目录，单独登记保管，并在有关的记账凭证和原始凭证上相互注明日期和编号
原始凭证外借的规定	1. 原始凭证不得外借，其他单位如因特殊原因需要使用原始凭证时，经本单位会计机构负责人、会计主管人员批准，可以复制。 2. 向外单位提供的原始凭证复制件，应当在专设的登记簿上登记，并由提供人员和收取人员共同签名或者盖章

续表

项目	具体内容
从外单位取得的原始凭证	1. 如有遗失，应当取得原开出单位盖有公章的证明，并注明原来凭证的号码、金额和内容等，由经办单位会计机构负责人、会计主管人员和单位领导人批准后，才能代作原始凭证。 2. 如果确实无法取得证明的，如火车、轮船、飞机票等凭证，由当事人写出详细情况，由经办单位会计机构负责人、会计主管人员和单位领导人批准后，代作原始凭证

【要点7】会计账簿（掌握）

项目	具体内容
账簿种类	1. 总账，一般有订本账和活页账两种。 2. 明细账，通常使用活页账。 3. 日记账，包括现金日记账和银行存款日记账，必须采用订本式账簿。 提示：不得用银行对账单或者其他方法代替日记账。 4. 其他辅助账簿，是为备忘备查而设置的
启用账簿基本要求	1. 应当在账簿封面上写明单位名称和账簿名称。 2. 账簿扉页上应当附启用表。 3. 启用订本式账簿，应当从第一页到最后一页顺序编定页数，不得跳页、缺号。使用活页式账页，应当按账户顺序编号，并须定期装订成册。装订后再按实际使用的账页顺序编定页码。另加目录，记明每个账户的名称和页次
登记账簿基本要求	1. 登记会计账簿时，应当将会计凭证日期、编号、业务内容摘要、金额和其他有关资料逐项记入账内，做到数字准确、摘要清楚、登记及时、字迹工整。 2. 登记完毕后，要在记账凭证上签名或者盖章，并注明已经登账的符号，表示已经记账。

续表

项目	具体内容
登记账簿 基本要求	3. 账簿中书写的文字和数字上面要留有适当空格，不要写满格；一般应占格距的二分之一。 4. 登记账簿要用蓝黑墨水或者碳素墨水书写，不得使用圆珠笔（银行的复写账簿除外）或者铅笔书写。可以用红色墨水记账的情况： （1）按照红字冲账的记账凭证，冲销错误记录。（2）在不设借贷等栏的多栏式账页中，登记减少数。（3）在三栏式账户的余额栏前，如未印明余额方向的，在余额栏内登记负数余额。（4）根据国家统一会计制度的规定可以用红字登记的其他会计记录。 5. 各种账簿按页次顺序连续登记，不得跳行、隔页。如果发生跳行、隔页，应当将空行、空页划线注销，或者注明"此行空白""此页空白"字样，并由记账人员签名或者盖章。 6. 凡需要结出余额的账户，结出余额后，应当在"借或贷"等栏内写明"借"或者"贷"等字样。没有余额的账户，应当在"借或贷"等栏内写"平"字，并在余额栏内用"θ"表示。现金日记账和银行存款日记账必须逐日结出余额。

续表

项目	具体内容
登记账簿基本要求	7. 每一账页登记完毕结转下页时，应当结出本页合计数及余额，写在本页最后一行和下页第一行有关栏内，并在摘要栏内注明"过次页"和"承前页"字样；也可以将本页合计数及金额只写在下页第一行有关栏内，并在摘要栏内注明"承前页"字样。 8. 对需要结计本月发生额的账户，结计"过次页"的本页合计数应当为自本月初起至本页末止的发生额合计数；对需要结计本年累计发生额的账户，结计"过次页"的本页合计数应当为自年初起至本页末止的累计数；对既不需要结计本月发生额也不需要结计本年累计发生额的账户，可以只将每页末的余额结转次页。 9. 实行会计电算化的单位，用计算机打印的会计账簿必须连续编号，经审核无误后装订成册，并由记账人员和会计机构负责人、会计主管人员签字或者盖章
账簿错误更正方法	账簿记录发生错误，不准涂改、挖补、刮擦或者用药水消除字迹，不准重新抄写
结账	1. 结账时，应当结出每个账户的期末余额。年度终了结账时，所有总账账户都应当结出全年发生额和年末余额。

续表

项目	具体内容
结账	2. 需结出当月发生额的，应在摘要栏注明"本月合计"字样，并在下面通栏划单红线。 3. 需结出本年累计发生额的，应在摘要栏内注明"本年累计"字样，并在下面通栏划单红线。 4. 12月末的"本年累计"就是全年累计发生额，在下面通栏划双红线

【要点8】财务会计报告（掌握）

项目	具体内容
基本含义	1. 财务会计报告是指单位对外提供的、反映单位某一特定日期财务状况和某一会计期间经营成果、现金流量等会计信息的文件。 2. 编制财务会计报告，是对单位会计核算工作的全面总结，也是及时提供真实、完整会计资料的重要环节
主要构成	1. 财务会计报告由会计报表、会计报表附注和财务情况说明书组成。 2. 财务会计报告按编制时间分为年度、半年度、季度和月度财务会计报告。 3. 年度、半年度财务会计报告应当包括会计报表、会计报表附注、财务情况说明书。会计报表应当包括资产负债表、利润表、现金流量表及相关附表。 4. 季度、月度财务会计报告通常仅指会计报表，会计报表至少应当包括资产负债表和利润表

续表

项目	具体内容
对外提供	国有企业、国有控股的或者占主导地位的企业，应当至少每年一次向本企业的职工代表大会公布财务会计报告，并重点说明下列事项： （1）反映与职工利益密切相关的信息。 （2）内部审计发现的问题及纠正情况。 （3）注册会计师审计的情况。 （4）国家审计机关发现的问题及纠正情况。 （5）重大的投资、融资和资产处置决策及其原因的说明。 （6）需要说明的其他重要事项

【要点9】账务核对和财产清查（掌握）

项目	具体内容
账务核对	各单位应定期对会计账簿记录的有关数字与库存实物、货币资金等进行相互核对，保证账证相符、账账相符、账实相符、账表相符。 1. 账证核对。核对会计账簿记录与原始凭证、记账凭证的时间、凭证字号、内容、金额是否一致，记账方向是否相符。 2. 账账核对。核对不同会计账簿之间的账簿记录是否相符。 3. 账实核对。核对会计账簿记录与财产等实有数额是否相符。 4. 账表核对。核对会计账簿记录与会计报表有关内容是否相符
财产清查	1. 财产清查是对各项财产物资进行实物盘点、账面核对以及对各项往来款项进行查询、核对，以保证账账、账实相符的一种专门方法，是会计核算工作的一项重要程序。 2. 通过财产清查，可以确定各项财产的实存数、实存数与账面数是否相符，发现财产管理工作中存在的问题，以便查清原因，制定相应措施，做到账实相符

【要点10】 会计档案的归档 （掌握）

项目	具体内容
会计档案的概念	单位在进行会计核算过程中接收或形成的，记录和反映单位经济业务事项的，具有保存价值的文字、图表等各种形式的会计资料
会计档案的归档范围	1. 会计凭证，包括原始凭证、记账凭证。 2. 会计账簿，包括总账、明细账、日记账、固定资产卡片及其他辅助性账簿。 3. 财务会计报告，包括月度、季度、半年度财务会计报告和年度财务会计报告。 4. 其他会计资料，包括银行存款余额调节表、银行对账单、纳税申报表、会计档案移交清册、会计档案保管清册、会计档案销毁清册、会计档案鉴定意见书及其他具有保存价值的会计资料
会计档案的归档要求	1. 单位可以利用计算机、网络通信等信息技术手段管理会计档案。 2. 单位的会计机构或会计人员所属机构（以下统称"单位会计管理机构"）按照归档范围和归档要求，负责定期将应当归档的会计资料整理立卷，编制会计档案保管清册。

续表

项目	具体内容
会计档案的归档要求	3. 当年形成的会计档案，在会计年度终了后，可由单位会计管理机构临时保管1年，再移交单位档案管理机构保管。因工作需要确需推迟移交的，应当经单位档案管理机构同意。单位会计管理机构临时保管会计档案最长不超过3年。临时保管期间，会计档案的保管应当符合国家档案管理的有关规定，且出纳人员不得兼管会计档案

【要点11】会计档案的移交和利用（掌握）

项目	具体内容
会计档案的移交	1. 单位会计管理机构在办理会计档案移交时，应当编制会计档案移交清册，并按照国家档案管理的有关规定办理移交手续。 2. 纸质会计档案移交时应当保持原卷的封装。电子会计档案移交时应当将电子会计档案及其元数据一并移交，且文件格式应当符合国家档案管理的有关规定。特殊格式的电子会计档案应当与其读取平台一并移交。 3. 单位档案管理机构接收电子会计档案时，应当对电子会计档案的准确性、完整性、可用性、安全性进行检测，符合要求的才能接收
会计档案的利用	1. 单位应当严格按照相关制度利用会计档案，在进行会计档案查阅、复制、借出时履行登记手续，严禁篡改和损坏。 2. 单位保存的会计档案一般不得对外借出。确因工作需要且根据国家有关规定必须借出的，应当严格按照规定办理相关手续。 3. 会计档案借用单位应当妥善保管和利用借入的会计档案，确保借入会计档案的安全完整，并在规定时间内归还

【要点12】会计档案的保管期限、鉴定、销毁和处置（掌握）

项目	具体内容
会计档案的保管期限	会计档案保管期限分为永久、定期两类。定期保管期限分为10年和30年
会计档案的鉴定	单位应当定期对已到保管期限的会计档案进行鉴定，并形成会计档案鉴定意见书。经鉴定，仍需继续保存的会计档案，应当重新划定保管期限；对保管期满，确无保存价值的会计档案，可以销毁。会计档案鉴定工作应当由单位档案管理机构牵头，组织单位会计、审计、纪检监察等机构或人员共同进行
会计档案的销毁	1. 单位档案管理机构编制会计档案销毁清册，列明拟销毁会计档案的名称、卷号、册数、起止年度、档案编号、应保管期限、已保管期限和销毁时间等内容。 2. 单位负责人、档案管理机构负责人、会计管理机构负责人、档案管理机构经办人、会计管理机构经办人在会计档案销毁清册上签署意见。

续表

项目	具体内容
会计档案的销毁	3. 单位档案管理机构负责组织会计档案销毁工作，并与会计管理机构共同派员监销。监销人在会计档案销毁前应当按照会计档案销毁清册所列内容进行清点核对；在会计档案销毁后，应当在会计档案销毁清册上签名或盖章。 4. 电子会计档案的销毁还应当符合国家有关电子档案的规定，并由单位档案管理机构、会计管理机构和信息系统管理机构共同派员监销
不得销毁的会计档案	保管期满但未结清的债权债务会计凭证和涉及其他未了事项的会计凭证不得销毁，纸质会计档案应当单独抽出立卷，电子会计档案单独转存，保管到未了事项完结时为止。单独抽出立卷或转存的会计档案，应当在会计档案鉴定意见书、会计档案销毁清册和会计档案保管清册中列明

【要点13】 特殊情况下的会计档案处置（熟悉）

项目	具体内容
单位分立情况下的会计档案处置	1. 单位分立后原单位存续的，其会计档案应当由分立后的存续方统一保管，其他方可以查阅、复制与其业务相关的会计档案。 2. 单位分立后原单位解散的，其会计档案应当经各方协商后由其中一方代管或按照国家档案管理的有关规定处置，各方可以查阅、复制与其业务相关的会计档案。 3. 单位分立中未结清的会计事项所涉及的会计凭证，应当单独抽出由业务相关方保存，并按照规定办理交接手续。 4. 单位因业务移交其他单位办理所涉及的会计档案，应当由原单位保管，承接业务单位可以查阅、复制与其业务相关的会计档案。对其中未结清的会计事项所涉及的会计凭证，应当单独抽出由承接业务单位保存，并按照规定办理交接手续
单位合并情况下的会计档案处置	1. 单位合并后原各单位解散或者一方存续其他方解散的，原各单位的会计档案应当由合并后的单位统一保管。 2. 单位合并后原各单位仍存续的，其会计档案仍应当由原各单位保管

续表

项目	具体内容
建设单位项目建设期间会计档案的交接	建设单位在项目建设期间形成的会计档案，需要移交给建设项目接受单位的，应当在办理竣工财务决算后及时移交，并按照规定办理交接手续
单位之间交接会计档案的手续	1. 单位之间交接会计档案时，交接双方应当办理会计档案交接手续。 2. 移交会计档案的单位，应当编制会计档案移交清册，列明应当移交的会计档案名称、卷号、册数、起止年度、档案编号、应保管期限和已保管期限等内容。 3. 交接会计档案时，交接双方应当按照会计档案移交清册所列内容逐项交接，并由交接双方的单位有关负责人负责监督。 4. 交接完毕后，交接双方经办人和监督人应当在会计档案移交清册上签名或盖章。 5. 电子会计档案应当与其元数据一并移交，特殊格式的电子会计档案应当与其读取平台一并移交。档案接收单位应当对保存电子会计档案的载体及其技术环境进行检验，确保所接收电子会计档案的准确、完整、可用和安全

续表

项目	具体内容
单位因撤销、解散、破产或其他原因终止时会计档案处置	单位因撤销、解散、破产或其他原因而终止的，在终止或办理注销登记手续之前形成的会计档案，按照国家档案管理的有关规定处置

学习心得

【要点14】会计工作的单位内部监督（掌握）

项目	具体内容
会计工作的单位内部监督	1. 记账人员与经济业务事项和会计事项的审批人员、经办人员、财物保管人员的职责权限应当明确，并相互分离、相互制约。 2. 重大对外投资、资产处置、资金调度和其他重要经济业务事项的决策和执行的相互监督、相互制约程序应当明确。 3. 财产清查的范围、期限和组织程序应当明确。 4. 对会计资料定期进行内部审计的办法和程序应当明确。 5. 国务院财政部门规定的其他要求

【要点 15】单位内部控制制度（掌握）

项目		具体内容
内部控制的概念与原则	单位建立与实施内部控制	1. 全面性原则，应贯穿单位经济活动全过程，覆盖单位及其所属单位各种业务和事项。 2. 重要性原则，关注单位重要经济活动和经济活动的重大风险。 3. 制衡性原则，应在治理结构、机构设置及权责分配、业务流程等方面形成相互制约、相互监督，同时兼顾营运效率。 4. 适应性原则，应符合国家有关规定和单位的实际情况。 5. 成本效益原则，应权衡实施成本与预期效益
	小企业建立与实施内部控制	1. 风险导向原则，要以防范风险为出发点。 2. 适应性原则，要与企业发展阶段、经营规模等相适应。 3. 实质重于形式原则，应注重实际效果，不局限于特定的表现形式和实现手段。 4. 成本效益原则，以合理的成本实现有效控制

续表

项目	具体内容
企业内部控制措施	1. 不相容职务分离控制。不相容职务主要包括：授权批准与业务经办、业务经办与会计记录、会计记录与财产保管、业务经办与稽核检查、授权批准与监督检查等。 2. 授权审批控制。明确各岗位办理业务和事项的权限范围、审批程序和相应责任。企业各级管理人员应在授权范围内行使职权和承担责任。 3. 会计系统控制。严格执行国家统一的会计准则制度。企业应依法设置会计机构，配备会计从业人员。 4. 财产保护控制。建立财产日常管理和定期清查制度。企业应严格限制未经授权人员接触和处置资产。 5. 预算控制。规范预算的编制、审定、下达和执行程序，强化预算约束。 6. 运营分析控制。定期开展运营情况分析，发现问题，查明原因并改进。 7. 绩效考评控制。科学设置考核指标体系，将考核结果作为确定员工薪酬以及职务晋升、评优、降级、调岗、辞退等的依据

续表

项目	具体内容
行政事业单位内部控制方法	1. 不相容岗位相互分离。合理设置内部控制关键岗位，实施相应的分离措施。 2. 内部授权审批控制。明确各岗位办理业务和事项的权限范围、审批程序和相关责任，建立重大事项集体决策和会签制度。 3. 归口管理。对有关经济活动实行统一管理。 4. 预算控制。使预算管理贯穿于单位经济活动的全过程。 5. 财产保护控制。建立资产日常管理制度和定期清查机制。 6. 会计控制。建立健全本单位财会管理制度。 7. 单据控制。要求相关工作人员按照规定填制、审核、归档、保管单据。 8. 信息内部公开。确定信息内部公开的内容、范围、方式和程序

【要点16】会计工作的社会监督（掌握）

项目	具体内容
会计工作的社会监督	会计工作的社会监督，主要是指由注册会计师及其所在的会计师事务所等中介机构接受委托，依法对单位的经济活动进行审计、出具审计报告、发表审计意见的一种监督制度

学习心得

【要点 17】注册会计师审计报告（掌握）

项目		具体内容
审计报告的要素		1. 标题。 2. 收件人。 3. 审计意见。 4. 形成审计意见的基础。 5. 管理层对财务报表的责任。 6. 注册会计师对财务报表审计的责任。 7. 按照相关法律法规的要求报告的事项（如适用）。 8. 注册会计师的签名和签章。 9. 会计师事务所的名称、地址和盖章。 10. 报告日期
审计意见的类型	无保留意见	是指当注册会计师认为财务报表在所有重大方面按照适用的财务报告编制基础的规定编制并实现公允反映时发表的审计意见

项目			具体内容
审计意见的类型	非无保留意见	保留意见	存在下列情形之一时，注册会计师应当发表保留意见：①在获取充分、适当的审计证据后，注册会计师认为错报单独或汇总起来对财务报表影响重大，但不具有广泛性；②注册会计师无法获取充分、适当的审计证据以作为形成审计意见的基础，但认为未发现的错报（如存在）对财务报表可能产生的影响重大，但不具有广泛性
		否定意见	在获取充分、适当的审计证据后，如果认为错报单独或汇总起来对财务报表的影响重大且具有广泛性，注册会计师应当发表否定意见
		无法表示意见	1. 如果无法获取充分、适当的审计证据以作为形成审计意见的基础，但认为未发现的错报（如存在）对财务报表可能产生的影响重大且具有广泛性，注册会计师应当发表无法表示意见。 2. 在极少数情况下，可能存在多个不确定事项。尽管注册会计师对每个单独的不确定事项获取了充分、适当的审计证据，但由于不确定事项之间可能存在相互影响，以及可能对财务报表产生累积影响，注册会计师不可能对财务报表形成审计意见。在这种情况下，注册会计师应当发表无法表示意见

【要点 18】会计工作的政府监督（掌握）

项目	具体内容
会计工作政府监督的概念	会计工作的政府监督，主要是指财政部门代表国家对各单位和单位中相关人员的会计行为实施的监督检查，以及对发现的会计违法行为实施行政处罚。这里所说的财政部门，是指国务院财政部门、省级以上人民政府财政部门的派出机构和县级以上人民政府财政部门。 提示：除财政部门外，审计、税务、金融管理等依照有关法律、行政法规规定的职责，可以对有关单位的会计资料实施监督检查
财政部门会计监督的主要内容	1. 是否依法设置会计账簿。 2. 会计凭证、会计账簿、财务会计报告和其他会计资料是否真实、完整。 3. 会计核算是否符合《会计法》和国家统一的会计制度的规定。 4. 从事会计工作的人员是否具备专业能力、遵守职业道德。 会计信息质量检查是财政部门在总结多年会计监督实践经验的基础上，开拓创新的一种实施会计监督的重要方式

【要点19】代理记账（熟悉）

项目	具体内容
代理记账机构的审批	除会计师事务所以外的机构从事代理记账业务，应当经县级以上人民政府财政部门批准，领取由财政部统一规定样式的代理记账许可证书。会计师事务所及其分所可以依法从事代理记账业务。 申请代理记账资格的机构应当同时具备以下条件： （1）为依法设立的企业。 （2）专职从业人员不少于3名。 （3）主管代理记账业务的负责人具有会计师以上专业技术职务资格或者从事会计工作不少于3年，且为专职从业人员。 （4）有健全的代理记账业务内部规范。 代理记账机构从业人员应当具有会计类专业基础知识和业务技能，能够独立处理基本会计业务，并由代理记账机构自主评价认定。上述专职从业人员是指仅在一个代理记账机构从事代理记账业务的人员

续表

项目	具体内容
代理记账的业务范围	1. 根据委托人提供的原始凭证和其他相关资料，按照国家统一的会计制度的规定进行会计核算，包括审核原始凭证、填制记账凭证、登记会计账簿、编制财务会计报告等。 2. 对外提供财务会计报告。 3. 向税务机关提供税务资料。 4. 委托人委托的其他会计业务

学习心得

【要点20】 委托人、代理记账机构及其从业人员各自的义务（熟悉）

项目	具体内容
委托合同的内容	委托合同除应具备法律规定的基本条款外，应当明确下列内容： （1）双方对会计资料真实性、完整性各自应当承担的责任。 （2）会计资料传递程序和签收手续。 （3）编制和提供财务会计报告的要求。 （4）会计档案的保管要求及相应的责任。 （5）终止委托合同应当办理的会计业务交接事宜。 除应符合有关法律法规的一般性规定外，至少还应包括以下内容： （1）委托业务范围及其他预期目标。（2）会计资料传递程序和签收手续，终止委托合同应当办理的会计业务交接事宜，包括使用信息系统交付财务数据的约定。（3）双方对会计资料真实性、完整性、合法性各自应当承担的责任，会计档案的保管要求及相应的责任。（4）委托业务的收费。（5）委托合同的有效期间。（6）签约时间。（7）违约责任。（8）解决争议的方法。（9）签约双方认为应约定的其他事项

续表

项目	具体内容
委托人应履行的义务	1. 对本单位发生的经济业务事项，应当填制或者取得符合国家统一的会计制度规定的原始凭证。 2. 应当配备专人负责日常货币收支和保管。 3. 及时向代理记账机构提供真实、完整的原始凭证和其他相关资料。 4. 对于代理记账机构退回的，要求按照国家统一的会计制度规定进行更正、补充的原始凭证，应当及时予以更正、补充
代理记账机构及其从业人员应履行的义务	1. 遵守有关法律、法规和国家统一会计制度的规定，按照委托合同办理代理记账业务。 2. 对在执行业务中知悉的商业秘密予以保密。 3. 对委托人要求其作出不当的会计处理，提供不实的会计资料，以及其他不符合法律、法规和国家统一会计制度行为的，予以拒绝。 4. 对委托人提出的有关会计处理相关问题予以解释

【要点 21】对代理记账机构及从业人员的管理（熟悉）

项目	具体内容
对代理机构的管理	1. 代理记账机构应当于每年 4 月 30 日之前，向审批机关报送下列材料：（1）代理记账机构基本情况表；（2）专职从业人员变动情况。代理记账机构设立分支机构的，分支机构应当于每年 4 月 30 日之前向其所在地的审批机关报送上述材料。 2. 县级以上人民政府财政部门对代理记账机构及其从事代理记账业务情况实施监督，随机抽取检查对象、随机选派执法检查人员，并将抽查情况及查处结果依法及时向社会公开。 3. 代理记账机构有下列情形之一的，审批机关应当办理注销手续，收回代理记账许可证书并予以公告：（1）代理记账机构依法终止的；（2）代理记账资格被依法撤销或撤回的；（3）法律、法规规定的应当注销的其他情形

续表

项目		具体内容
对从业人员的管理	资质要求	1. 具有会计类专业基础知识和业务技能，能够独立处理基本会计业务。 2. 熟悉国家财经、税收法律、法规、规章和方针、政策，掌握本行业业务管理的有关知识。 3. 恪守会计人员职业道德规范。 4.《代理记账管理办法》等规定的其他执业要求
	工作原则	1. 遵守法律法规等有关规定，严格按照委托合同开展代理记账业务。 2. 对工作中知悉的商业秘密、个人信息予以保密。 3. 对委托人要求其作出不当的会计处理，提供不实的会计资料，以及其他违法违规行为的，应当拒绝办理。 4. 依法向财政部门报告委托人的违法违规行为
	处理处罚	1. 遵守法律法规等有关规定，严格按照委托合同开展代理记账业务。 2. 对工作中知悉的商业秘密、个人信息予以保密。 3. 对委托人要求其作出不当的会计处理，提供不实的会计资料，以及其他违法违规行为的，应当拒绝办理。 4. 依法向财政部门报告委托人的违法违规行为

【要点22】会计岗位设置（掌握）

项目	具体内容
会计工作岗位设置要求	1. 会计工作岗位，可以一人一岗、一人多岗或者一岗多人。 2. 出纳人员不得兼管稽核、会计档案保管和收入、支出、费用、债权债务账目的登记工作。 提示：档案管理部门的人员管理会计档案，不属于会计岗位
会计人员回避制度	1. 单位领导人的直系亲属不得担任本单位的会计机构负责人、会计主管人员。 2. 会计机构负责人、会计主管人员的直系亲属不得在本单位会计机构中担任出纳工作。 提示：需要回避的亲属为：夫妻关系、直系血亲关系、三代以内旁系血亲以及姻亲关系

【要点23】会计人员（掌握）

项目	具体内容
会计人员的范围	（1）出纳。（2）稽核。（3）资产、负债和所有者权益（净资产）的核算。（4）收入、费用（支出）的核算。（5）财务成果（政府预算执行结果）的核算。（6）财务会计报告（决算报告）编制。（7）会计监督。（8）会计机构内会计档案管理。（9）其他会计工作。 提示：担任单位会计机构负责人（会计主管人员）、总会计师的人员，属于会计人员
对会计人员的基本要求	1. 遵守《会计法》和国家统一的会计制度等法律法规。 2. 具备良好的职业道德。 3. 按照国家有关规定参加继续教育。 4. 具备从事会计工作所需要的专业能力
对会计机构负责人、会计主管人员的要求	1. 坚持原则，廉洁奉公。 2. 具备会计师以上专业技术职务资格或从事会计工作不少于3年。 3. 熟悉国家财经法律、法规、规章和方针、政策，掌握本行业业务管理的有关知识。 4. 有较强的组织能力。 5. 身体状况能适应本职工作的要求

续表

项目	具体内容
会计人员的禁入规定	1. 因有提供虚假财务会计报告，做假账，隐匿或者故意销毁会计凭证、会计账簿、财务会计报告，贪污，挪用公款，职务侵占等与会计职务有关的违法行为被依法追究刑事责任的人员，不得再从事会计工作。 2. 因伪造、变造会计凭证、会计账簿，编制虚假财务会计报告，隐匿或者故意销毁依法应当保存的会计凭证、会计账簿、财务会计报告，5 年内不得从事会计工作。 3. 会计人员具有违反国家统一的会计制度的一般违法行为，情节严重的，5 年内不得从事会计工作

【要点24】会计专业职务与会计专业技术资格（掌握）

项目	具体内容
会计专业职务（会计职称）	会计人员职称层级分为初级、中级、副高级和正高级。初级职称只设助理级，高级职称分设副高级和正高级；初级、中级、副高级和正高级职称的名称依次为助理会计师、会计师、高级会计师和正高级会计师
助理会计师	1. 基本掌握会计基础知识和业务技能。 2. 能正确理解并执行财经政策、会计法律法规和规章制度。 3. 能独立处理一个方面或某个重要岗位的会计工作。 4. 具备国家教育部门认可的高中毕业（含高中、中专、职高、技校）以上学历
会计师	1. 系统掌握会计基础知识和业务技能。 2. 掌握并能正确执行财经政策、会计法律法规和规章制度。 3. 具有扎实的专业判断和分析能力，能独立负责某领域会计工作。 4. 具备博士学位；或具备硕士学位，从事会计工作满1年；或具备第二学士学位或研究生班毕业，从事会计工作满2年；或具备大学本科学历或学士学位，从事会计工作满4年；或具备大学专科学历，从事会计工作满5年

续表

项目	具体内容
高级会计师	1. 系统掌握和应用经济与管理理论、财务会计理论与实务。 2. 具有较高的政策水平和丰富的会计工作经验，能独立负责某领域或 个单位的财务会计管理工作。 3. 工作业绩较为突出，有效提高了会计管理水平或经济效益。 4. 有较强的科研能力，取得一定的会计相关理论研究成果，或主持完成会计相关研究课题、调研报告、管理方法或制度创新等。 5. 具备博士学位，取得会计师职称后，从事与会计师职责相关工作满2年；或具备硕士学位，或第二学士学位或研究生班毕业，或大学本科学历或学士学位，取得会计师职称后，从事与会计师职责相关工作满5年；或具备大学专科学历，取得会计师职称后，从事与会计师职责相关工作满10年
正高级会计师	1. 系统掌握和应用经济与管理理论、财务会计理论与实务，把握工作规律。 2. 政策水平高，工作经验丰富，能积极参与一个单位的生产经营决策。 3. 工作业绩突出，主持完成会计相关领域重大项目，解决重大会计相关疑难问题或关键性业务问题，提高单位管理效率或经济效益。

续表

项目	具体内容
正高级会计师	4. 科研能力强，取得重大会计相关理论研究成果，或其他创造性会计相关研究成果，推动会计行业发展。 5. 一般应具有大学本科及以上学历或学士以上学位，取得高级会计师职称后，从事与高级会计师职责相关工作满5年
会计专业技术资格	1. 会计专业技术资格分为初级资格、中级资格和高级资格三个级别，分别对应初级、中级、高级会计职称（会计专业职务）的任职资格。 2. 目前，初级、中级资格实行全国统一考试制度，高级会计师资格实行考试与评审相结合制度

【要点 25】会计人员继续教育（掌握）

项目	具体内容
具有会计专业技术资格的人员	自取得会计专业技术资格的次年开始参加继续教育，并在规定时间内取得规定学分
不具有会计专业技术资格但从事会计工作的人员	自从事会计工作的次年开始参加继续教育，并在规定时间内取得规定学分
继续教育的内容	包括公需科目和专业科目
继续教育的管理	1. 继续教育实行学分制管理。 2. 每年参加继续教育取得的学分不少于 90 学分，其中，专业科目一般不少于总学分的三分之二。 3. 继续教育学分在全国范围内当年度有效，不得结转以后年度。 4. 用人单位应建立本单位会计专业技术人员继续教育与使用、晋升相衔接的激励机制，将参加继续教育情况作为会计专业技术人员考核评价、岗位聘用的重要依据

【要点26】总会计师（掌握）

项目	具体内容
主要概念	1. 总会计师是主管本单位会计工作的行政领导，是单位行政领导成员。 2. 总会计师组织领导本单位的财务管理、成本管理、预算管理、会计核算和会计监督等方面的工作，参与本单位重要经济问题的分析和决策
具体要求	1. 国有的和国有资产占控股地位或者主导地位的大、中型企业必须设置总会计师。 2. 总会计师由具有会计师以上专业技术资格的人员担任

学习心得 --

【要点27】会计工作交接（掌握）

项目	具体内容
会计工作交接的责任	1. 会计人员工作调动或者因故离职，必须将本人所经管的会计工作全部移交给接替人员。没有办清交接手续的，不得调动或者离职。 2. 接替人员应认真接管移交工作，并继续办理移交的未了事项。 3. 移交人员对所移交的会计凭证、会计账簿、会计报表和其他有关资料的合法性、真实性承担法律责任。 4. 会计人员临时离职或者因病不能工作且需要接替或者代理的，会计机构负责人（会计主管人员）或者单位领导人必须指定有关人员接替或者代理，并办理交接手续。临时离职或者因病不能工作的会计人员恢复工作的，应当与接替或者代理人员办理交接手续。 5. 移交人员因病或者其他特殊原因不能亲自办理移交的，经单位领导人批准，可由移交人员委托他人代办移交，但委托人应当承担对所移交的会计凭证、会计账簿、会计报表和其他有关资料的合法性、真实性的法律责任。 6. 单位撤销时，必须留有必要的会计人员，会同有关人员办理清理工作，编制决算。未移交前，不得离职

续表

项目	具体内容
会计工作移交前的准备工作	1. 已经受理的经济业务尚未填制会计凭证的,应当填制完毕。 2. 尚未登记的账目,应当登记完毕,并在最后一笔余额后加盖经办人员印章。 3. 整理应该移交的各项资料,对未了事项写出书面材料。 4. 编制移交清册。 提示:移交清册要列明应当移交的会计凭证、会计账簿、会计报表、印章、现金、有价证券、支票簿、发票、文件、其他会计资料和物品等内容;实行会计电算化的单位,从事该项工作的移交人员还应当在移交清册中列明会计软件及密码、会计软件数据磁盘(磁带等)及有关资料、实物等内容
会计工作交接与监交	移交人员在办理移交时,要按移交清册逐项移交;接替人员要逐项核对点收。 (1)现金、有价证券要根据会计账簿有关记录进行点交。库存现金、有价证券必须与会计账簿记录保持一致。不一致时,移交人员必须限期查清。 (2)会计凭证、会计账簿、会计报表和其他会计资料必须完整无缺。如有短缺,必须查清原因,并在移交清册中注明,由移交人员负责。 (3)银行存款账户余额要与银行对账单核对,如不一致,应当编制银行存款余额调节表调节相符,各种财产物资和债权债务的明细账户余额要与总账有关账户余额核对相符;必要时,要抽查个别账户的余额,与实物核对相符,或者与往来单位、个人核对清楚。

续表

项目	具体内容
会计工作交接与监交	（4）移交人员经管的票据、印章和其他实物等，必须交接清楚；移交人员从事会计电算化工作的，要对有关电子数据在实际操作状态下进行交接。 （5）会计机构负责人（会计主管人员）移交时，还必须将全部财务会计工作、重大财务收支和会计人员的情况等，向接替人员详细介绍。对需要移交的遗留问题，应当写出书面材料。交接完毕后，交接双方和监交人要在移交清册上签名或者盖章，并应在移交清册上注明：单位名称，交接日期，交接双方和监交人的职务、姓名，移交清册页数以及需要说明的问题和意见等。移交清册一般应当填制一式三份，交接双方各执一份，存档一份。接替人员应当继续使用移交的会计账簿，不得自行另立新账，以保持会计记录的连续性

【要点28】违反国家统一会计制度的法律责任 （掌握）

有下列行为之一的，由县级以上人民政府财政部门责令限期改正，给予警告、通报批评，对单位可以并处 20 万元以下的罚款，对其直接负责的主管人员和其他直接责任人员可以处 5 万元以下的罚款；情节严重的，对单位可以并处 20 万元以上 100 万元以下的罚款，对其直接负责的主管人员和其他直接责任人员可以处 5 万元以上 50 万元以下的罚款；属于公职人员的，还应当依法给予处分；构成犯罪的，依法追究刑事责任：

1. 不依法设置会计账簿的；

2. 私设会计账簿的；

3. 未按照规定填制、取得原始凭证或者填制、取得的原始凭证不符合规定的；

4. 以未经审核的会计凭证为依据登记会计账簿或者登记会计账簿不符合规定的；

5. 随意变更会计处理方法的；

6. 向不同的会计资料使用者提供的财务会计报告编制依据不一致的；

7. 未按照规定使用会计记录文字或者记账本位币的；

8. 未按照规定保管会计资料，致使会计资料毁损、灭失的；

9. 未按照规定建立并实施单位内部会计监督制度或者拒绝依法实施监督或者不如实提供有关会计资料及有关情况的；

10. 任用会计人员不符合《会计法》规定的。

会计人员有上述所列行为之一，情节严重的，5 年内不得从事会计工作。

学习心得

【要点 29】 与会计凭证、会计账簿和财务会计报告相关的法律责任（掌握）

项目	具体内容
伪造、变造会计凭证、会计账簿，编制虚假财务会计报告，隐匿或者故意销毁会计资料的法律责任	1. 伪造、变造会计凭证、会计账簿，编制虚假财务会计报告，隐匿或者故意销毁依法应当保存的会计凭证、会计账簿、财务会计报告的，由县级以上人民政府财政部门责令限期改正，给予警告、通报批评，没收违法所得。 2. 违法所得 20 万元以上的，对单位可以并处违法所得 1 倍以上 10 倍以下的罚款；没有违法所得或者违法所得不足 20 万元的，可以并处 20 万元以上 200 万元以下的罚款。 3. 对其直接负责的主管人员和其他直接责任人员可以处 10 万元以上 50 万元以下的罚款；情节严重的，可以处 50 万元以上 200 万元以下的罚款。 4. 属于公职人员的，还应当依法给予处分。 5. 其中的会计人员，5 年内不得从事会计工作。 6. 构成犯罪的，依法追究刑事责任

续表

项目	具体内容
授意、指使、强令会计机构及人员从事会计违法行为的法律责任	1. 授意、指使、强令会计机构、会计人员及其他人员伪造、变造会计凭证、会计账簿，编制虚假财务会计报告或者隐匿、故意销毁依法应当保存的会计凭证、会计账簿、财务会计报告的，由县级以上人民政府财政部门给予警告、通报批评，可以并处 20 万元以上 100 万元以下的罚款。 2. 情节严重的，可以并处 100 万元以上 500 万元以下的罚款。 3. 属于公职人员的，还应当依法给予处分。 4. 构成犯罪的，依法追究刑事责任

【要点30】单位负责人打击报复会计人员的法律责任（掌握）

1. 单位负责人对依法履行职责、抵制违反《会计法》规定行为的会计人员以降级、撤职、调离工作岗位、解聘或者开除等方式实行打击报复的，依法给予处分。

2. 构成犯罪的，依法追究刑事责任。

3. 对受打击报复的会计人员，应当恢复其名誉和原有职务、级别。

4. 公司、企业、事业单位、机关、团体的领导人，对依法履行职责、抵制违反《会计法》行为的会计人员实行打击报复，情节恶劣的，处3年以下有期徒刑或者拘役。

【要点31】财政部门及有关行政部门工作人员职务违法的法律责任（熟悉）

1. 财政部门及有关行政部门的工作人员在实施监督管理中滥用职权、玩忽职守、徇私舞弊或者泄露国家秘密、工作秘密、商业秘密、个人隐私、个人信息的，依法给予处分。

2. 构成犯罪的，依法追究刑事责任。

3. 任何单位和个人对违反《会计法》和国家统一的会计制度规定的行为，有权检举。

4. 收到检举的部门有权处理的，应当依法按照职责分工及时处理。

5. 无权处理的，应当及时移送有权处理的部门处理。

6. 收到检举的部门、负责处理的部门应当为检举人保密，不得将检举人姓名和检举材料转给被检举单位和被检举人个人。

7. 违反《会计法》规定，将检举人姓名和检举材料转给被检举单位和被检举人个人的，依法给予处分。

第三章　支付结算法律制度

☞ 掌握支付结算的基本要求
☞ 掌握银行结算账户的开立、变更和撤销的规定
☞ 掌握各类银行结算账户的开立和使用的具体规定
☞ 掌握票据当事人、票据行为的规定
☞ 掌握票据权利与责任、票据追索的规定
☞ 掌握银行汇票、商业汇票的规定
☞ 掌握银行本票、支票的规定
☞ 掌握汇兑和委托收款的规定
☞ 熟悉银行卡交易的其他基本规定
☞ 熟悉银行卡计息与收费
☞ 熟悉预付卡的规定
☞ 熟悉条码支付
☞ 熟悉违反支付结算法律制度的法律责任

【要点1】支付结算的基本要求（掌握）

项目	内　　容
原则	1. 恪守信用、履约付款原则； 2. 谁的钱进谁的账、由谁支配原则； 3. 银行不垫款原则
基本要求	1. 单位、个人和银行办理支付结算，必须使用按中国人民银行统一规定印制的票据和结算凭证； 2. 票据和结算凭证上的签章和其他记载事项应当真实，不得伪造、变造； 3. 填写票据和结算凭证的收款人名称、出票日期、金额应当规范

项目	内 容	
规范性要求	1. 签章。 （1）单位、银行：该单位、银行的盖章加其法定代表人或其授权的代理人的签名或盖章； （2）个人：该个人本人的签名或盖章	2. 出票日期。票据的出票日期必须使用中文大写，具体如下： 表格如下

2. 出票日期。票据的出票日期必须使用中文大写，具体如下：

月、日实际日期	票据日期
月为："壹""贰""壹拾"（1、2、10） 日为："壹"至"玖"，"壹拾""贰拾""叁拾"（1~9、10、20、30）	前面加"零"
日为："拾壹"至"拾玖"（11~19）	前面加"壹"

| 3. 收款人名称。单位和银行的名称应当记载全称或者规范化简称 | 4. 金额。票据和结算凭证金额以中文大写和阿拉伯数码同时记载，二者必须一致，二者不一致的票据无效；二者不一致的结算凭证，银行不予受理 |

【要点2】银行结算账户的开立、变更和撤销的规定（掌握）

（一）银行结算账户的开立	
核准类账户	备案类账户
1. 基本存款账户（企业除外）； 2. 临时存款账户（因注册验资和增资验资开立的除外）； 3. 预算单位专用存款账户； 4. QFII专用存款账户。 企业开立基本存款账户、临时存款账户已取消核准制，由银行向中国人民银行当地分支机构备案，无须颁发开户许可证	1. 一般存款账户； 2. 非预算单位专用存款账户； 3. 个人银行结算账户。 备案类结算账户的变更和撤销应通过账户管理系统向中国人民银行当地分支机构报备
预留签章	
单位：为该单位的公章或财务专用章加其法定代表人（单位负责人）或其授权的代理人的签名或者盖章。 个人：为该个人的签名或者盖章	

续表

（二）银行结算账户的变更

1. 存款人更改名称，但不改变开户银行及账号的，应于 **5 个**工作日内向开户银行提出银行结算账户的变更申请，并出具有关部门的证明文件。

2. 单位的法定代表人或主要负责人、住址及其他开户资料发生变更时，应于 **5 个**工作日内书面通知开户银行并提供有关证明。

3. 变更开户许可证记载事项的，存款人办理变更手续时，应交回开户许可证，由中国人民银行当地分支机构换发新的开户许可证

（三）银行结算账户的撤销

1. 撤销的情形：（1）被撤并、解散、宣告破产或关闭的；（2）注销、被吊销营业执照的；（3）因迁址需要变更开户银行的；（4）其他原因需要撤销银行结算账户的。

2. 撤销银行结算账户时，应先撤销一般存款账户、专用存款账户、临时存款账户，将账户资金转入基本存款账户后，方可办理基本存款账户的撤销。

3. 存款人尚未清偿其开户银行债务的，不得申请撤销该银行结算账户。

4. 存款人撤销核准类银行结算账户时，应交回开户许可证

【要点3】各类银行结算账户的开立和使用的具体规定（掌握）

	（一）基本存款账户（存款人的主办账户）
使用	1. 个单位只能开立 ↑基本存款账户。 2. 存款人日常经营活动的资金收付及其工资、奖金和现金的支取，应通过基本存款账户办理

	（二）一般存款账户（数量无限制）
开户证明文件	存款人申请开立一般存款账户，应向银行出具其开立基本存款账户规定的证明文件、基本存款账户开户许可证或企业基本存款账户编号和其他有关证明文件，包括借款合同等
使用	一般存款账户用于办理存款人借款转存、借款归还和其他结算的该资金收付。一般存款账户可以办理现金缴存，但不得办理现金支取

续表

（三）专用存款账户

开户证明文件	存款人申请开立专用存款账户，应向银行出具开立基本存款账户规定的证明文件、基本存款账户开户许可证或企业基本存款账户编号和其他相关证明文件
使用	1. 证券交易结算资金、期货交易保证金和信托基金专用存款账户不得支取现金。 2. 基本建设资金、更新改造资金、政策性房地产开发资金账户需要支取现金的，应在开户时报中国人民银行当地分支机构批准。 3. 粮、棉、油收购资金，社会保障基金，住房基金和党、团、工会经费等专用存款账户支取现金应按照国家现金管理的规定办理。 4. 收入汇缴账户除向其基本存款账户或预算外资金财政专用存款账户划缴款项外，只收不付，不得支取现金。业务支出账户除从其基本存款账户拨入款项外，只付不收，其现金支取按照国家现金管理的规定办理

续表

（四）预算单位零余额账户	
使用	1. 一个基层预算单位开设一个零余额账户，零余额账户按基本存款账户或专用存款账户管理。 2. 预算单位零余额账户用于财政授权支付，可以办理转账、提取现金等结算业务，可以向本单位按账户管理规定保留的相应账户划拨工会经费、住房公积金及提租补贴，以及财政部门批准的特殊款项，不得违反规定向本单位其他账户和上级主管单位及所属下级单位账户划拨资金
（五）临时存款账户	
适用情况	1. 设立临时机构； 2. 异地临时经营活动； 3. 注册验资、增资； 4. 军队、武警单位承担基本建设或者异地执行作战、演习、抢险救灾、应对突发事件等临时任务

续表

（五）临时存款账户	
使用	1. 临时存款账户的有效期限，最长不得超过 2 年； 2. 临时存款账户支取现金，应按照国家现金管理的规定办理； 3. 注册验资的临时存款账户在验资期间只收不付

（六）异地结算账户	
适用情形	1. 营业执照注册地与经营地不在同一行政区域（跨省、市、县）需要开立基本存款账户的； 2. 办理异地借款和其他结算需要开立一般存款账户的； 3. 存款人因附属的非独立核算单位或派出机构发生的收入汇缴或业务支出需要开立专用存款账户的； 4. 异地临时经营活动需要开立临时存款账户的； 5. 自然人根据需要在异地开立个人银行结算账户的

续表

		（七）个人银行结算账户
种类	Ⅰ类户	存款、购买投资理财产品等金融产品；转账、消费和缴费支付、支取现金等
	Ⅱ类户	存款，购买投资理财产品等金融产品、限额消费和缴费、限额向非绑定账户转出资金；经确认还可以办理存取现金、非绑定账户资金转入业务，可以配发银行卡实体卡片
	Ⅲ类户	限额消费和缴费、限额向非绑定账户转出资金业务
	银行不得通过Ⅱ类户和Ⅲ类户为存款人提供存取现金服务，不得为Ⅱ类户和Ⅲ类户发放实体介质	
开户方式	柜面开户：Ⅰ类户、Ⅱ类户或Ⅲ类户。个人开立Ⅱ类户、Ⅲ类户，可以绑定Ⅰ类户或者信用卡账户进行身份验证	
	自助机具开户：现场核验开户申请人身份信息的，银行可为其开立Ⅰ类户；未现场核验开户申请人身份信息的，银行可为其开立Ⅱ类户或Ⅲ类户	
	电子渠道开户：Ⅱ类户或Ⅲ类户	

续表

（八）经银行柜面、自助设备加以银行工作人员现场面对面确认身份

账户类型	可开展业务	限额
Ⅱ类户	办理存取现金、非绑定账户资金转入业务，可以配发银行卡实体卡片	日累计限额合计为 **1 万元**；年累计限额合计为 **20 万元**
	消费和缴费、向非绑定账户转出资金、取出现金	
Ⅲ类户	办理非绑定账户资金转入业务	Ⅲ类账户任一时点账户余额不得超过 **2 000 元**
	限额消费和缴费支付、限额向非绑定账户转出资金	

提示　银行可以向Ⅱ类户发放本银行贷款资金并通过Ⅱ类户还款，发放贷款和贷款资金归还，不受转账限额规定。

【要点4】票据的概念、种类及当事人（掌握）

项目	内　容	
概念及种类	广义上的票据，包括各种有价证券和凭证，如股票、企业债券、发票、提单等。 狭义上的票据，包括汇票、本票和支票，是指由出票人签发的、约定自己或者委托付款人在见票时或指定的日期向收款人或持票人无条件支付一定金额的有价证券	
当事人	基本当事人	在票据作成和交付时就已经存在的当事人。 汇票、支票：出票人、付款人、收款人； 本票：出票人、收款人
	非基本当事人	在票据作成并交付后，通过一定的票据行为加入票据关系而享有一定权利、承担一定义务的当事人。 承兑人、背书人、被背书人、保证人

【要点5】票据权利与责任（掌握）

（一）票据权利

概念	1. 票据持票人向票据债务人请求支付票据金额的权利，包括付款请求权和追索权。 2. 持票人可以不按照票据债务人的先后顺序，对其中任何一人、数人或者全体行使追索权。持票人对票据债务人中的一人或者数人已经进行追索的，对其他票据债务人仍可以行使追索权。被追索人清偿债务后，与持票人享有同一权利
取得	1. 取得票据享有票据权利的情形： （1）依法接受出票人签发的票据；（2）依法接受背书转让的票据；（3）因税收、继承、赠与可以依法无偿取得票据。 2. 不享有票据权利的情形： （1）以欺诈、偷盗或者胁迫等手段取得票据的，或者明知有上述情形，出于恶意取得票据的；（2）持票人因重大过失取得不符合《票据法》规定的票据的

续表

(二) 票据权利丧失补救措施

挂失止付	1. 可以挂失止付的票据：（只有确定付款人或代理付款人的票据丧失时才可以挂失止付） （1）已承兑的商业汇票（确定承兑人即付款人 f）； （2）支票； （3）填明"现金"字样和代理付款人的银行汇票（确定付款银行）； （4）填明"现金"字样的银行本票（确定付款人）。 2. 使用：挂失止付并不是票据丧失后采取的必经措施，而只是一种暂时的预防措施，最终要通过申请公示催告或提起普通诉讼来补救票据权利。 3. 付款人或者代理付款人自收到挂失止付通知书之日起 12 日内没有收到人民法院的止付通知书的，自第 13 日起，不再承担止付责任，持票人提示付款即依法向持票人付款
公示催告	1. 失票人应当在通知挂失止付后的 3 日内，也可以在票据丧失后，依法向票据支付地人民法院申请公示催告。 2. 申请公示催告的主体必须是可以背书转让的票据的最后持票人。 3. 公告：公告期间不得少于 60 日，且公示催告期间届满日不得早于票据付款日后 15 日

续表

（二）票据权利丧失补救措施	
普通诉讼	丧失票据的人为原告，以承兑人或出票人为被告，请求法院判决其向失票人付款的诉讼活动

（三）票据权利的消灭时效

1. 持票人对票据的出票人和承兑人的付款请求权和追索权自票据到期日起 2 年；见票即付的汇票、本票自出票日起 **2 年**。
2. 持票人对支票出票人的权利，自出票日起 **6 个月**。
3. 持票人对前手的追索权，在被拒绝承兑或者被拒绝付款之日起 **6 个月**。
4. 持票人对前手的再追索权，自清偿日或者被提起诉讼之日起 **3 个月**

（四）票据责任	
提示付款	支票：自出票日起 **10 日**；银行汇票：自出票日起 **1 个月**；银行本票：自出票日起最长不超过 **2 个月**；商业汇票：自票据到期日起 **10 日**

续表

（四）票据责任

付款人付款	付款人及其代理付款人付款时，应当审查票据背书的连续，并审查提示付款人合法身份证明或者有效证件；对符合条件的持票人，付款人必须当日足额付款
拒绝付款	如果存在背书不连续等合理事由，票据债务人可以对票据债权人拒绝履行义务，即票据"抗辩"
获得付款	持票人获得付款的，应当在票据上签收，并将票据交给付款人
相关银行的责任	持票人委托的收款银行的责任，限于按照票据上记载事项将票据金额转入持票人账户。 付款人委托的付款银行的责任，限于按照票据上记载事项从付款人账户支付票据金额。 付款人及其代理付款人以恶意或者有重大过失付款的，应当自行承担责任

【要点6】 票据行为（掌握）

	（一）出票
票据的记载事项	1. 必须记载事项：必须记载的，如不记载，票据行为即为无效的事项； 2. 相对记载事项：未记载，由法律另作相应规定予以明确，并不影响票据的效力； 3. 任意记载事项：不强制当事人必须记载，不记载时不影响票据效力，记载时则产生票据效力的事项； 4. 可以记载的其他事项：记载不具有票据效力，银行不负审查责任
四个日期汇总	**出票日期** 没有记载，则票据无效（为**必须记载事项**）
	背书日期 没有记载，则视为到期日前背书（为**相对记载事项**）
	承兑日期 没有记载，则为收到提示承兑的**3日内**的最后一日为承兑日期（为**相对记载事项**）
	保证日期 没有记载，以出票日期为保证日期（为**相对记载事项**）

（二）背书	
记载事项	1. 必须记载事项：背书人签章。委托收款背书和质押背书还应记载"委托收款""质押"字样。2. 相对记载事项：背书日期。背书未记载日期的，视为在票据到期日前背书。3. 可以补记事项：被背书人名称。背书人未记载被背书人名称即将票据交付他人的，持票人在票据被背书人栏内记载自己的名称与背书人记载具有同等法律效力
粘单	票据凭证不能满足背书人记载事项的需要，可以加附粘单，粘附于票据凭证上。粘单上的第一记载人，应当在票据和粘单的粘接处签章
背书连续	持票人以背书的连续，证明其票据权利；非经营背书转让，而以其他合法方式取得票据的，依法举证，证明其票据权利
附条件背书	背书不得附有条件，背书时附有条件的，条件无效，背书有效
部分背书	部分背书是指将票据金额的一部分转让的背书或者将票据金额分别转让给两人以上的背书，部分背书属于无效背书

续表

（二）背书

禁转背书	1. 禁转背书是指记载了"不得转让"或类似字样，此时票据不得转让； 2. 背书人在票据上记载"不得转让"或类似字样，其后手再背书转让的，原背书人对后手的被背书人不承担保证责任
期后背书	指票据被拒绝承兑、被拒绝付款或者超过付款提示期限后进行的背书；票据被拒绝承兑、被拒绝付款或者超过付款提示期限的，不得背书转让；背书转让的，背书人应当承担票据责任
背书的效力	背书人以背书转让票据后，即承担保证其后手所持票据承兑和付款的责任

背书是否有效	情　形	效　力
	部分背书、多头背书	背书无效
	记载"不得转让"字样的背书	背书有效
	附条件背书	背书有效
	背书人未签章	背书无效
	未记载被背书人名称	背书无效，但持票人补记后有效
	未记载背书日期	背书有效，视为到期日前背书

续表

（三）承兑

提示承兑	1. 定日付款或者出票后定期付款的汇票，持票人应当在汇票到期前向付款人提示承兑； 2. 见票后定期付款的汇票，持票人应当自出票日起 1 个月内向付款人提示承兑； 3. 汇票未按照规定期限提示承兑的，持票人丧失对其前手的追索权
受理承兑	付款人对向其提示承兑的汇票，应当自收到提示承兑的汇票之日起 3 日内承兑或者拒绝承兑
承兑记载事项	1. 必须记载事项："承兑"字样、签章。 2. 相对记载事项：承兑日期。汇票上未记载承兑日期的，应当以收到提示承兑的汇票之日起 3 日内的最后一日为承兑日期。 3. 见票后定期付款的汇票，应当在承兑时记载付款日期
承兑效力	1. 付款人承兑汇票，不得附有条件；承兑附有条件的，视为拒绝承兑。 2. 付款人承兑汇票后，应当承担到期付款的责任

续表

（四）保证

概念	1. 保证是指票据债务人以外的人，为担保特定债务人履行票据债务而在票据上记载有关事项并签章的行为。 2. 国家机关、以公益为目的的事业单位、社会团体作为票据保证人的，票据保证无效。 提示：企业法人的分支机构在法人书面授权范围内提供票据保证有效
记载事项	1. 必须记载事项："保证"的字样；保证人签章。保证人未在票据或者粘单上记载"保证"字样而另行签订保证合同或者保证条款的，不属于票据保证。 2. 相对记载事项：保证人在票据或者粘单上未记载"被保证人名称"的，已承兑的票据，承兑人为被保证人；未承兑的票据，出票人为被保证人。保证人在票据或者粘单上未记载"保证日期"的，出票日期为保证日期
保证的效力	1. 保证不得附有条件；附有条件的，不影响对票据的保证责任。 2. 保证人对合法取得票据的持票人所享有的票据权利，承担保证责任，但被保证人的债务因票据记载事项欠缺而无效的除外。保证人应当与被保证人对持票人承担连带责任；保证人为两人以上的，保证人之间承担连带责任。 3. 保证人清偿债务后，可以行使持票人对被保证人及其前手的追索权

【要点7】票据追索（掌握）

项目	内　　容
行使追索权的情形	1. 到期后追索：指票据到期被拒绝付款的，持票人对背书人、出票人以及票据的其他债务人行使的追索。 2. 到期前追索：指票据到期日前，持票人对下列情形之一行使的追索：（1）汇票被拒绝承兑的；（2）承兑人或者付款人死亡、逃匿的；（3）承兑人或者付款人依法宣告破产的，或者因违法被责令终止业务活动的
追索金额	1. 首次追索权的追索金额：（1）被拒绝付款的票据金额；（2）票据金额自到期日或者提示付款日起至清偿日止，按照中国人民银行规定的利率计算的利息；（3）取得有关拒绝证明和发出通知书的费用。 2. 再追索权的追索金额：（1）已清偿的全部金额及利息；（2）前项金额自清偿日起至再追索清偿日止，按照中国人民银行规定的利率计算的利息；（3）发出通知书的费用
追索权的行使	1. 被追索权包括出票人、背书人、承兑人和保证人，他们对持票人承担连带责任；持票人可以不按照汇票债务人的先后顺序，对其中任何一人、数人或全体行使追索权。持票人对票据债务人中的一人或数人已经进行追索的，对其他票据债务人仍可以行使追索权。

续表

项目	内　容
追索权的行使	2. 持票人应当自收到被拒绝承兑或者被拒绝付款的有关证明之日起 **3 日内**，将被拒绝事由书面通知其前手；其前手应当自收到通知之日起 3 日内书面通知其再前手。如果未按照规定期限通知的，持票人仍可以行使追索权。因延期通知给其前手或者出票人造成损失，赔偿的金额以汇票金额为限。 3. 如果持票人不能出示拒绝证明的，将丧失对其前手的追索权。但承兑人或者出票人仍应当对持票人承担责任

学习心得

【要点8】银行汇票（掌握）

项目	内　容
概念	银行汇票是出票银行签发的，由其在见票时按照实际结算金额无条件支付给收款人或者持票人的票据
适用范围	银行汇票可以用于转账，填明"现金"字样的银行汇票也可以用于支取现金。 单位和个人各种款项结算，均可使用银行汇票
出票	1. 签发银行汇票必须记载下列事项：表明"银行汇票"的字样；无条件支付的承诺；出票金额；付款人名称；收款人名称；出票日期；出票人签章。欠缺记载上列事项之一的，银行汇票无效。 2. 签发现金银行汇票，申请人和收款人必须均为个人。申请人或者收款人为单位的，银行不得为其签发现金银行汇票。 3. 申请人应将银行汇票和解讫通知一并交付给汇票上记明的收款人

续表

项目	内　　容
实际结算金额	1. 银行汇票的实际结算金额低于出票金额的，其多余金额由出票银行退交申请人。 2. 未填明实际结算金额和多余金额或实际结算金额超过出票金额的，银行不予受理。 3. 银行汇票的实际结算金额一经填写不得更改，更改实际结算金额的银行汇票无效。 4. 银行汇票的背书转让以不超过出票金额的实际结算金额为准，未填写实际结算金额或实际结算金额超过出票金额的银行汇票不得背书转让
提示付款	1. 银行汇票的提示付款期限自出票日起 1 个月。持票人超过付款期限提示付款的，代理付款人不予受理。 2. 持票人向银行提示付款时，须同时提交银行汇票和解讫通知，缺少任何一联，银行不予受理

【要点9】 商业汇票（掌握）

项目	内 容
种类	1. 商业汇票按照承兑人的不同分为商业承兑汇票和银行承兑汇票。商业承兑汇票由银行以外的付款人承兑（商业汇票的付款人为承兑人），银行承兑汇票由银行承兑。 2. 电子商业汇票分为电子银行承兑汇票和电子商业承兑汇票
适用范围	在银行开立存款账户的法人以及其他组织之间，必须具有真实的交易关系或债权债务关系，才能使用商业汇票
出票人	1. 商业承兑汇票可以由付款人签发并承兑，也可以由收款人签发交由付款人承兑。 2. 银行承兑汇票应由在承兑银行开立存款账户的存款人签发。 3. 单张出票金额在 100 万元以上的商业汇票原则上应全部通过电子商业汇票办理。单张出票金额在 300 万元以上的商业汇票应全部通过电子商业汇票办理
付款期限	商业汇票的付款期限应当与真实交易的履行期限相匹配。自出票日起至到期日止，最长不得超过 6 个月

续表

项目	内　容
承兑	1. 付款人承兑汇票后，应当承担到期付款的责任。 2. 银行承兑汇票的承兑银行，应按票面金额的一定比例向出票人收取手续费，银行承兑汇票手续费为市场调节价
票据信息登记与电子化	1. 纸质票据贴现前，金融机构办理承兑、质押、保证等业务，应不晚于业务办理的次一工作日在票据市场基础设施完成相关信息登记工作。 2. 纸质票据票面信息与登记信息不一致的，以纸质票据票面信息为准
信息披露	1. 商业承兑汇票的承兑人应当于承兑完成日次一个工作日内，在中国人民银行认可的票据信息披露平台披露每张票据的承兑相关信息（出票日期、承兑日期、票据号码、出票人名称、承兑人名称、承兑人社会信用代码、票面金额、票据到期日等）。 2. 承兑人应当于每月前 10 日内披露承兑信用信息。 3. 承兑人对披露信息的真实性、准确性、及时性和完整性负责

【要点10】商业汇票的贴现（掌握）

项目	内　　容
贴现条件	票据未到期；票据未记载"不得转让"事项；在银行开立存款账户的企业法人以及其他组织，与出票人或者直接前手之间具有真实的商品交易关系
基本规定	1. 贴现人办理纸质票据贴现时，应当通过票据市场基础设施查询票据承兑信息，并在确认纸质票据必须记载事项与已登记承兑信息一致后，为贴现申请人办理贴现，贴现申请人无须提供合同、发票等资料；信息不存在或者纸质票据必须记载事项与已登记承兑信息不一致的，不得办理贴现。 2. 贴现人可以按市场化原则选择商业银行对纸质票据进行保证增信。 3. 纸质票据贴现后，其保管人可以向承兑人发起付款确认。付款确认可以采用实物确认或者影像确认，两者具有同等效力。 4. 承兑人收到票据影像确认请求或者票据实物后，应当在 3 个工作日内作出或者委托其开户行作出同意或者拒绝到期付款的应答。拒绝到期付款的，应当说明理由。 5. 电子商业汇票一经承兑即视同承兑人已进行付款确认
贴现利息计算	贴现的期限从其贴现之日起到汇票到期日止；实付贴现金额按票面金额扣除贴现日至汇票到期前 1 日的利息计算；承兑人在异地的纸质商业汇票、贴现的期限以及贴现利息的计算应当另加 3 天的划款日期

【要点 11】商业汇票的到期处理（掌握）

项目		内　　容
票据到期后偿付顺序	票据未经承兑人付款确认和保证增信即交易的	若承兑人未付款，由贴现人先行偿付
	该票据在交易后又经承兑人付款确认的	由承兑人付款； 若承兑人未付款，由贴现人先行偿付
	票据经承兑人付款确认且未保证增信即交易的	由承兑人付款； 若承兑人未付款，由贴现人先行偿付
	票据保证增信后即交易且未经承兑人付款确认的	若承兑人未付款，由保证增信行先行偿付； 保证增信行未偿付，由贴现人先行偿付
	票据保证增信后且经承兑人付款确认的	由承兑人付款； 承兑人未付款，由保证增信行先行偿付； 保证增信行未偿付，由贴现人先行偿付
提示付款		商业汇票的提示付款期限，自汇票到期日起 10 日，持票人应在提示付款期内向付款人提示付款

【要点 12】银行本票（掌握）

项目	内　容
适用范围	单位和个人在同一票据交换区域需要支付各种款项，均可以使用银行本票
出票	银行本票必须记载事项：（1）表明"银行本票"的字样；（2）无条件支付的承诺；（3）确定的金额；（4）收款人名称；（5）出票日期；（6）出票人签章
付款	1. 银行本票见票即付。 2. 银行本票的提示付款期限自出票日起最长不得超过 **2 个月**
退款和丧失	1. 申请人因银行本票超过提示付款期限或其他原因要求退款时，应将银行本票提交到出票银行。 2. 出票银行对于在本行开立存款账户的申请人，只能将款项转入原申请人账户；对于现金银行本票和未在本行开立存款账户的申请人，才能退付现金

【要点13】支票（掌握）

项目	内　容
种类	支票分为现金支票、转账支票和普通支票三种：现金支票只能用于支取现金；转账支票只能用于转账；普通支票可以用于支取现金，也可以用于转账。 划线支票只能用于转账，不得支取现金
适用范围	1. 单位和个人在同一票据交换区域的各种款项结算，均可以使用支票。 2. 使用支票影像交换系统，实现支票业务可以在全国通用
出票	支票必须记载下列事项：（1）表明"支票"的字样；（2）无条件支付的委托；（3）确定的金额；（4）付款人名称；（5）出票日期；（6）出票人签章。其中，支票的"付款人"为支票上记载的出票人开户银行。 支票的金额、收款人名称，可以由出票人授权补记，未补记前不得背书转让和提示付款。出票人可以在支票上记载自己为收款人
付款	支票的提示付款期限自出票日起 10 日

【要点14】必须记载事项对比（掌握）

情形	商业汇票	本票	支票
表明"××票"的字样	有	有	有
无条件支付的委托	有	有	有
确定的金额	有	有	有（可补记）
出票日期	有	有	有
付款人名称	有	无	有
收款人名称	有	有	无（可补记）
出票人签章	有	有	有

【要点15】汇兑（掌握）

项目	内　容
适用情况	单位和个人的各种款项的结算，均可使用汇兑结算方式。 汇款人和收款人均为个人，需要在汇入银行支取现金的，应在信汇、电汇凭证的"汇款金额"大写栏，先填写"现金"字样，后填写汇款金额
收款	1. 汇出银行向汇款人签发汇款回单，该回单只能作为汇出银行受理汇款的依据，不能作为该笔汇款已转入收款人账户的证明。 2. 汇入银行向收款人发出的收账通知是银行将款项确已收入收款人账户的凭据
撤销	汇款人对汇出银行尚未汇出的款项可以申请撤销

【要点16】委托收款（掌握）

项目	内　　容
适用范围	1. 单位和个人均可以使用委托收款结算方式。 2. 委托收款在同城、异地均可以使用
付款	1. 以银行为付款人的，银行应当在当日将款项主动支付给收款人。 2. 以单位为付款人的，银行应及时通知付款人，需要将有关债务证明交给付款人的应交给付款人。付款人应于接到通知的当日书面通知银行付款。付款人未在接到通知的次日起3日内通知银行付款的，视同付款人同意付款，银行应于付款人接到通知日的次日起即第4日上午开始营业时，将款项划给收款人。银行在办理划款时，付款人存款账户不足支付的，应通过被委托银行向收款人发出未付款项通知书
拒绝付款	1. 以银行为付款人：自收到委托收款及债务证明的次日起3日内出具拒绝证明； 2. 以单位为付款人：在付款人接到通知日的次日起3日内出具拒绝证明

【要点 17】 银行卡交易的其他基本规定 (熟悉)

项目	内　　容
信用卡业务限额	1. 信用卡持卡人通过 ATM 机等自助机具办理现金提取业务，每卡每日累计不得超过 **1 万元** 人民币。 2. 持卡人通过柜面办理现金提取业务，通过各类渠道办理现金转账业务的每卡每日限额，由发卡机构与持卡人通过协议约定。 3. 发卡机构可自主确定是否提供现金充值服务，并与持卡人协议约定每卡每日限额。 4. 发卡机构不得将持卡人信用卡预借现金额度内资金划转至其他信用卡，以及非持卡人的银行结算账户或支付账户。 5. 借记卡持卡人在 ATM 机等自助机取款，每卡每日累计提款不得超过 **2 万元** 人民币。 6. 储值卡的面值或卡内币值不得超过 **1 000 元** 人民币
免息还款期和最低还款额待遇	1. 银行记账日到发卡银行规定的到期还款日之间为免息还款期。 2. 持卡人在到期还款日前偿还所使用全部银行款项有困难的，可按照发卡银行规定的最低还款额还款。 3. 持卡人透支消费享受免息还款期和最低还款额待遇的条件和标准等，由发卡机构自主确定

续表

项目	内　　容
追偿途径	发卡银行通过下列途径追偿透支款项和诈骗款项： （1）扣减持卡人保证金、依法处理抵押物和质物。 （2）向保证人追索透支款项。 （3）通过司法机关的诉讼程序进行追偿

🕐 **学习心得**

【要点18】银行卡计息与收费（熟悉）

项目		内　容
计息	贷记卡	信用卡透支的计结息方式，以及对信用卡溢缴款是否计付利息及其利率标准，由发卡机构自主决定。 自2021年1月1日起，信用卡透支利率由发卡机构与持卡人自主协商确定，取消信用卡透支利率上限和下限管理
	准贷记卡	按中国人民银行规定的同期同档次存款利率及计息办法计付利息
	转账卡 （含储蓄卡）	
	专用卡	
	储值卡	不计息

注：发卡机构调整信用卡利率的，应至少提前45个自然日按照约定方式通知持卡人。

【要点 19】预付卡的相关规定（熟悉）

项目	内　　容
限额	1. 预付卡以人民币计价，不具有透支功能。 2. 记名预付卡：单张资金限额不得超过 5 000 元。 3. 不记名预付卡：单张资金限额不得超过 1 000 元
期限	1. 记名预付卡可挂失，可赎回，不得设置有效期。 2. 不记名预付卡不挂失，不赎回，有效期不得低于 3 年。超过有效期尚有资金余额的预付卡，可通过延期、激活、换卡等方式继续使用
办理	1. 个人或单位购买记名预付卡或一次性购买不记名预付卡 1 万元以上的，应当使用实名并向发卡机构提供有效身份证件。 2. 使用实名购买预付卡的，发卡机构应当登记购卡人姓名或单位名称、单位经办人姓名、有效身份证件名称和号码、联系方式、购卡数量、购卡日期、购卡总金额、预付卡卡号及金额等信息。 3. 单位一次性购买预付卡 5 000 元以上，个人一次性购买预付卡 5 万元以上的，通过银行转账等非现金结算方式购买，不得使用现金。购卡人不得使用信用卡购买预付卡

续表

项目	内　容
充值	1. 预付卡通过现金或银行转账方式进行充值，不得使用信用卡为预付卡充值。 2. 一次性充值金额 5 000 元以上的，不得使用现金。 3. 单张预付卡充值后的资金余额不得超过规定限额。 4. 预付卡现金充值通过发卡机构网点进行，单张预付卡同日累计现金充值在 200 元以下的，可通过自主充值终端、销售合作机构代理等方式充值
使用	预付卡在发卡机构拓展、签约的特约商户中使用，不得用于或变相用于提取现金，不得用于购买、交换非本发卡机构发行的预付卡、单一行业卡及其他商业预付卡或向其充值，卡内资金不得向银行账户或向非本发卡机构开立的网络支付账户转移
赎回	1. 记名预付卡可在购卡 3 个月后办理赎回，赎回时，持卡人应当出示预付卡及持卡人和购卡人的有效身份证件。由他人代理赎回的，应当同时出示代理人和被代理人的有效身份证件。 2. 单位购买的记名预付卡，只能由单位办理赎回
发卡机构	1. 预付卡发卡机构必须是经中国人民银行核准，取得《支付业务许可证》的支付机构。 2. 发卡机构对客户备付金需 100% 集中交存中国人民银行

【要点20】条码支付（熟悉）

项目	内　容
交易验证	1. 静态密码等（重复使用）； 2. 数字证书、电子签名等（一次性密码）； 3. 指纹等（生物特征）
商户管理	同一身份证件在同一家收单机构办理的全部小微商户基于信用卡的条码支付收款金额日累计不超过 1 000 元、月累计不超过 1 万元
风险管理	银行、支付机构发现特约商户发生疑似套现、洗钱、恐怖融资、欺诈、留存或泄露账户信息等风险事件的，应对特约商户采取延迟资金结算、暂停交易、冻结账户等措施，并承担因未采取措施导致的风险损失责任

【要点21】法律责任（熟悉）

情形	法律责任
无理拒付、占用他人资金行为的	1. 票据的付款人对见票即付或者到期的票据，故意压票、拖延支付的，银行机构违反票据承兑等结算业务规定，不予兑现，不予收付入账，压单、压票或者违反规定退票的，由国务院银行保险监督管理机构责令其改正，有违法所得的，没收违法所得。 2. **违法所得 5 万元以上：1~5 倍以下罚款。**没有违法所得或不足 5 万：5 万元以上 50 万元以下罚款
违反账户管理规定行为的　开立、撤销银行结算账户违反规定：（1）违反规定开立银行结算账户；（2）伪造、变造证明文件欺骗银行开立银行结算账户；（3）违反规定不及时撤销银行结算账户	非经营性存款人的，给予警告并处以 1 000 元的罚款；属于经营性存款人的，给予警告并处以 1 万元以上 3 万元以下的罚款；构成犯罪的，移交司法机关依法追究刑事责任

续表

情形		法律责任
违反账户管理规定行为的	使用银行结算账户违反规定：(1) 违反规定将单位款项转入个人银行结算账户；(2) 违反规定支取现金；(3) 利用开立银行结算账户逃废银行债务；(4) 出租、出借银行结算账户；(5) 从基本存款账户之外的银行结算账户转账存入、将销货收入存入或现金存入单位信用卡账户	非经营性的存款人有第 (1) ~ (5) 项行为的，给予警告并处以1 000元罚款；经营性的存款人有第 (1) ~ (5) 项行为的，给予警告并处以5 000元以上3万元以下的罚款
	(6) 法定代表人或主要负责人、存款人地址以及其他开户资料的变更事项未在规定期限内通知银行	给予警告并处以1 000元的罚款
	伪造、变造、私自印制开户许可证	属非经营性的处以1 000元罚款；属经营性的处以1万元以上3万元以下的罚款。构成犯罪的，移交司法机关依法追究刑事责任

续表

情形			法律责任
票据欺诈等行为的	（1）伪造、变造票据、托收凭证、汇款凭证、信用证，伪造信用卡的； （2）进行信用卡诈骗活动的； （3）妨害信用卡管理的	一般情节	处5年以下有期徒刑或者拘役，并处或者单处2万元以上20万元以下罚金
		严重情节	处5年以上10年以下有期徒刑，并处5万元以上50万元以下罚金
		特别严重情节	处10年以上有期徒刑或者无期徒刑，并处5万元以上50万元以下罚金或者没收财产
		一般情节	处3年以下有期徒刑或者拘役，并处或者单处1万元以上10万元以下罚金
		严重情节	处3年以上10年以下有期徒刑，并处2万元以上20万元以下罚金

续表

情形	法律责任
非法出租、出借、出售、购买银行结算账户或支付账户行为的	5年内暂停其银行账户非柜面业务、支付账户所有业务，并不得为其新开立账户
	惩戒期满后，受惩戒的单位和个人办理新开立账户业务的，银行和支付机构应加大审核力度
	中国人民银行将上述单位和个人信息移送金融信用信息基础数据库并向社会公布

第四章 税法概述及货物和劳务税法律制度

☞ 掌握现行税种与征收机关

☞ 掌握增值税纳税人和扣缴义务人、增值税征税范围、增值税应纳税额的计算和增值税专用发票使用规定

☞ 掌握消费税征税范围、消费税应纳税额的计算

☞ 掌握城市维护建设税的纳税人、计税依据和应纳税额的计算

☞ 掌握车辆购置税的纳税人和征税范围

☞ 掌握关税纳税人和课税对象

☞ 熟悉税收与税收法律关系、税法要素

☞ 熟悉增值税税收优惠、增值税征收管理、全面数字化电子发票

☞ 熟悉消费税税目、消费税征收管理

☞ 熟悉教育费附加和地方教育附加征收制度

☞ 熟悉车辆购置税、关税的计税依据和应纳税额的计算

【要点1】税收法律关系（熟悉）

项目	内　　容
概念	是税法在调整征税主体与纳税主体之间的税收征纳关系过程中形成的税收权利与税收义务关系。税收法律关系由主体、客体和内容三个方面构成
主体	指税收法律关系中享有权利和承担义务的当事人，包括征税主体与纳税主体。在我国税收法律关系中，征税主体是代表国家行使征税职责的税务机关和海关；纳税主体是履行纳税义务的人，包括纳税人和扣缴义务人，具体表现形式有自然人、法人和其他组织
客体	指主体的权利、义务所共同指向的对象，也就是征税对象。例如，企业所得税法律关系的客体就是生产经营所得和其他所得，房产税法律关系的客体就是房产
内容	指主体所享受的权利和所应承担的义务，这是税收法律关系中最实质的东西，也是税法的核心

【要点2】税法要素（熟悉）

要素	内　　容
纳税人	指法律、行政法规规定负有纳税义务的单位和个人
征税对象	又称课税对象，是纳税的客体。它是指税收法律关系中权利义务所指向的对象，即对什么征税。税目是征税对象的具体化
税率	形式：（1）比例税率。（2）累进税率。我国个人所得税对综合所得和经营所得采取超额累进税率，土地增值税采用超率累进税率。（3）定额税率
计税依据	指计算应纳税额的依据或标准。计算方式一般有两种：一是从价计征；二是从量计征
纳税环节	我国增值税对流转的每一个环节都征税，消费税主要在生产销售和进口环节征收，个别应税消费品在批发销售和零售销售环节征收
纳税期限	包括纳税义务发生时间、纳税期限和缴库期限
纳税地点	比较常见的纳税地点有纳税人住所地、纳税人经营地、不动产所在地等
税收优惠	主要形式：（1）减税和免税。（2）起征点。（3）免征额
法律责任	包括行政责任和刑事责任

【要点 3】现行税种与征收机关（掌握）

征收机关	负责征收和管理的税种
税务机关	（1）增值税；（2）消费税；（3）企业所得税；（4）个人所得税；（5）资源税；（6）城镇土地使用税；（7）城市维护建设税；（8）印花税；（9）土地增值税；（10）房产税；（11）车船税；（12）车辆购置税；（13）烟叶税；（14）耕地占用税；（15）契税；（16）环境保护税。 出口产品退税（增值税、消费税）由税务机关负责办理，部分非税收入和社会保险费的征收也由税务机关负责
海关	（1）关税；（2）船舶吨税。 进口环节的增值税、消费税由海关代征

【要点4】增值税纳税人（掌握）

项目		内　容
纳税人范围	在中华人民共和国境内销售货物或者加工、修理修配劳务、销售服务、无形资产、不动产以及进口货物的单位和个人	1. 境内销售服务、无形资产或不动产是指服务（租赁不动产除外）或者无形资产（自然资源使用权除外）的销售方或者购买方在境内；所销售或者租赁的不动产在境内；所销售自然资源使用权的自然资源在境内。 2. 单位租赁或者承包给其他单位或者个人经营的，以承租人或者承包人为纳税人。 3. 单位以承包、承租、挂靠方式经营的，承包人、承租人、挂靠人（统称"承包人"）以发包人、出租人、被挂靠人（统称"发包人"）名义对外经营并由发包人承担相关法律责任的，以该发包人为纳税人。否则，以承包人为纳税人

【要点5】增值税纳税人分类（掌握）

分类	划分标准	说明
小规模纳税人	年应征增值税销售额500万元及以下	会计核算健全，能提供准确税务资料的，可申请登记为一般纳税人。 小规模纳税人（其他个人除外）发生增值税应税行为，需要开具增值税专用发票的，可以自愿使用增值税发票管理系统自行开具
一般纳税人	年应税销售额超过小规模纳税人标准的企业和企业性单位	实行登记制，纳税人登记为一般纳税人后，不得转为小规模纳税人，另有规定的除外。 不办理一般纳税人登记的情况：（1）按照政策规定，选择按照小规模纳税人纳税的；（2）年应税销售额超过规定标准的其他个人

【要点6】增值税征税范围（掌握）

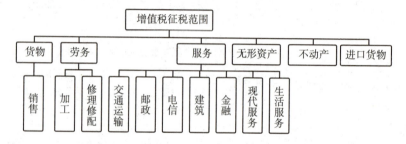

（1）货物指有形动产，包括电力、热力、气体在内。

（2）单位或者个体工商户聘用的员工为本单位或者雇主提供加工、修理修配劳务不包括在征收范围内。

（3）出租车公司向使用本公司自有出租车的出租车司机收取的管理费用，按照陆路运输服务缴纳增值税。

（4）水路运输的程租、期租业务，属于水路运输服务。航空运输的湿租业务，属于航空运输服务。

（5）无运输工具承运业务，按照交通运输服务缴纳增值税。

（6）卫星电视信号落地转接服务，按照增值电信服务缴纳增值税。

（7）固定电话、有线电视、宽带、水、电、燃气、暖气等经营者向用户收取的安装费、初装费、开户费、扩容费以及类似收费，按照安装服务缴纳增值税。

（8）各种占用、拆借资金取得的收入，包括金融商品持有期间（含到期）利息（保本收益、报酬、资金占用费、补偿金等）收入、信用卡透支利息收入、买入返售金融商品利息收入、融资融券收取的利息收入，以及融资性售后回租、押汇、罚息、票据贴现、转贷等业务取得的利息及利息性质的收入，以货币资金投资收取的固定利润或者保底利润，按照贷款服务缴纳增值税。

（9）租赁服务，包括融资租赁服务和经营租赁服务，不包括融资性售后回租。

将建筑物、构筑物等不动产或者飞机、车辆等有形动产的广告位出租给其他单位或者个人用于发布广告，按照经营租赁服务缴纳增值税。

车辆停放服务、道路通行服务（包括过路费、过桥费、过闸费等）等按照不动产经营租赁服务缴纳增值税。

⏱ 学习心得

【要点7】视同销售（掌握）

种类	行　为
视同销售货物，征收增值税	（1）将货物交付其他单位或者个人代销； （2）销售代销货物； （3）设有两个以上机构并实行统一核算的纳税人，将货物从一个机构移送至其他机构用于销售，但相关机构设在同一县（市）的除外； （4）将自产或者委托加工的货物用于非增值税应税项目； （5）将自产、委托加工的货物用于集体福利或者个人消费； （6）将自产、委托加工或者购进的货物作为投资，提供给其他单位或者个体工商户； （7）将自产、委托加工或者购进的货物分配给股东或者投资者； （8）将自产、委托加工或者购进的货物无偿赠送其他单位或者个人
视同销售服务、无形资产或不动产，征收增值税	（1）单位或者个体工商户向其他单位或者个人无偿提供服务，但用于公益事业或者以社会公众为对象的除外； （2）单位或者个人向其他单位或者个人无偿转让无形资产或者不动产，但用于公益事业或者以社会公众为对象的除外； （3）财政部和国家税务总局规定的其他情形

【要点8】混合销售和兼营（掌握）

方式	概念	界定标准	税务处理
混合销售	一项销售行为如果既涉及货物又涉及服务，为混合销售	同一项销售行为	按照经营主业缴纳增值税（即要么按货物缴纳增值税，要么按销售服务缴纳增值税）
兼营	兼营是指纳税人的经营中包括销售货物、加工修理修配劳务以及销售服务、无形资产和不动产的行为	同一个纳税主体	区分每一项业务涉及的金额，无法区分的，统一从高计征

提示　混合销售与兼营的区别，混合销售是纳税人的一项（次）销售行为同时涉及货物和服务，销售货物和服务的价款同时从同一个客户收取，这两种款项难以分别合理作价。兼营是纳税人兼有销售货物、服务、无形资产和不动产业务，这些业务不发生在同一项（次）销售活动中，收取的各类业务价款来自于不同的客户，这些款项可以分别核算。

【要点9】不征收增值税项目（掌握）

1. 根据国家指令无偿提供的铁路运输服务、航空运输服务，属于《营业税改征增值税试点实施办法》规定的用于公益事业的服务。

2. 存款利息。

3. 被保险人获得的保险赔付。

4. 房地产主管部门或者其指定机构、公积金管理中心、开发企业以及物业管理单位代收的住宅专项维修资金。

5. 在资产重组过程中，通过合并、分立、出售、置换等方式，将全部或者部分实物资产以及与其相关联的债权、负债和劳动力一并转让给其他单位和个人，其中涉及的不动产、土地使用权转让行为。

6. 纳税人在资产重组过程中，通过合并、分立、出售、置换等方式，将全部或者部分实物资产以及与其相关联的债权、负债和劳动力一并转让给其他单位和个人，不属于增值税的征税范围，其中涉及的货物转让，不征收增值税。

7. 纳税人取得的财政补贴收入，与其销售货物、劳务、服务、无形资产、不动产的收入或者数量直接挂钩的，应按规定计算缴纳增值税。纳税人取得的其他情形的财政补贴收入，不属于增值税应税收入，不征收增值税。

8. 村民委员会、村民小组按照农村集体产权制度改革要求，将国有土地使用权、地上的建筑物及其附着物转移、变更到农村集体经济组织名下的，暂不征收土地增值税。

提示 "不征税"和"零税率"不是同一个概念。不征税是指免予征收增值税；零税率是指在出口环节不征增值税外，还要对出口前已经缴纳的增值税进行退税。

学习心得

【要点10】增值税的税率和征收率（了解）

项目	内　容
增值税税率	分为 13%、9%、6%、零税率四档
征收率	小规模纳税人以及一般纳税人选择简易办法计税的，征收率为 3%。另有规定除外

学习心得

【要点11】增值税应纳税额的计算（掌握）

计税方法	计算公式
一般计税方法	应纳税额＝当期销项税额－当期进项税额 ＝销售额×适用税率－当期进项税额 ＝含税销售额÷（1＋适用税率）×适用税率－当期进项税额
简易计税方法	应纳税额＝销售额×征收率

提示

销售额的概念：

销售额是指纳税人发生应税销售行为向购买方收取的全部价款和价外费用，但是不包括收取的销项税额。价外费用，包括价外向购买方收取的手续费、补贴、基金、集资费、返还利润、奖励费、违约金、滞纳金、延期付款利息、赔偿金、代收款项、代垫款项、包装费、包装物租金、储备费、优质费、运输装卸费以及其他各种性质的价外收费。上述价外费用无论其会计制度如何核算，均应并入销售额计算销项税额。

但下列项目不包括在销售额内：

（1）受托加工应征消费税的消费品所代收代缴的消费税。

（2）同时符合以下条件代为收取的政府性基金或者行政事业性收费：由国务院或者财政部批准设立的政府性基金，由国务院或省级人民政府及其财政、价格主管部门批准设立的行政事业性收费；收取时开具省级以上财政部门印制的财政票据；所收款项全额上缴财政。

（3）销售货物的同时代办保险等而向购买方收取的保险费，以及向购买方收取的代购买方缴纳的车辆购置税、车辆牌照费。

（4）以委托方名义开具发票代委托方收取的款项。

学习心得

【要点 12】视同销售的销售额的确定顺序（掌握）

8 种视同销售行为一般不以资金的形式反映出来，因而会出现无销售额的情况。同时，《营业税改征增值税试点实施办法》规定，纳税人发生应税行为价格明显偏低或者偏高且不具有合理商业目的的，或者发生无销售额的，主管税务机关有权按照下列顺序确定销售额：

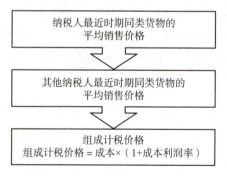

提示 对于既征收增值税，同时又征收消费税的货物，其组成计税价格中应包含消费税税额。其计算公式为：

组成计税价格 = 成本 × (1 + 成本利润率) + 消费税税额

或：组成计税价格 = 成本 × (1 + 成本利润率) ÷ (1 − 消费税税率)

学习心得

【要点13】特殊销售方式下的销售额的确定（掌握）

特殊销售方式	销售额确定方法
折扣方式销售	如果销售额和折扣额在同一张发票上分别注明，可以按折扣后的销售额征收增值税；如果将折扣额另开发票，不论其在财务上如何处理，均不得从销售额中减除折扣额
以旧换新方式销售	按新货物的同期销售价格确定销售额，不得扣减旧货物的收购价格。但是对金银首饰以旧换新业务，可以按销售方实际收取的不含增值税的全部价款征收增值税
还本销售方式销售	销售额就是货物的销售价格，不得从销售额中减除还本支出
以物易物方式销售	以物易物双方都应作购销处理，以各自发出的货物核算销售额并计算销项税额，以各自收到的货物按规定核算购货额并计算进项税额
直销方式销售	直销企业先将货物销售给直销员，直销员再将货物销售给消费者的，直销企业的销售额为其向直销员收取的全部价款和价外费用。直销员将货物销售给消费者时，应按照现行规定缴纳增值税。 直销企业通过直销员向消费者销售货物，直接向消费者收取货款，直销企业的销售额为其向消费者收取的全部价款和价外费用

【要点14】"营改增"行业销售额的规定（掌握）

类型	业务种类	销售额核算
全额计税	贷款服务	全部利息及利息性质的收入
	直接收费金融服务	收取的手续费、佣金、酬金、管理费、服务费、经手费、开户费、过户费、结算费、转托管费等各类费用
差额计税	金融商品转让	卖出价扣除买入价后的余额。纳税人无偿转让股票时，转出方以该股票的买入价为卖出价，按照"金融商品转让"计算缴纳增值税；在转入方将上述股票再转让时，以原转出方的卖出价为买入价，按照"金融商品转让"计算缴纳增值税。 金融商品转让，不得开具增值税专用发票
	经纪代理服务	以取得的全部价款和价外费用，扣除向委托方收取并代为支付的政府性基金或者行政事业性收费后的余额
	航空运输服务	不包括代收的民航发展基金（原机场建设费）和代售其他航空运输企业客票而代收转付的价款

类型	业务种类	销售额核算
差额计税	试点纳税人中的一般纳税人提供客运场站服务	取得的全部价款和价外费用扣除支付给承运方的运费后的余额
	试点纳税人提供旅游服务	取得的全部价款和价外费用扣除向旅游服务购买方收取并支付给其他单位或者个人的住宿费、餐饮费、交通费、签证费、门票费和支付给其他接团旅游企业的旅游费用后的余额
	试点纳税人提供建筑服务适用简易计税方法	取得的全部价款和价外费用扣除支付的分包款后的余额

续表

类型	业务种类	销售额核算
差额计税	房地产开发企业中的一般纳税人销售其开发的房地产项目（选择简易计税方法的房地产老项目除外）	取得的全部价款和价外费用，扣除受让土地时向政府部门支付的土地价款后的余额

【要点15】销售额确定的特殊规定及外币销售额的折算（掌握）

项目	内　　容
销售额确定的特殊规定	（1）纳税人兼营免税、减税项目的，应分别核算免税、减税项目的销售额；未分别核算的，不得免税、减税。 （2）纳税人发生应税销售行为，开具增值税专用发票后，发生开票有误或者销售折让、中止、退回等情形的，应按规定开具红字增值税专用发票；未按规定开具的，不得扣减销项税额或者销售额
外币销售额的折算	纳税人按人民币以外的货币结算销售额的，其销售额的人民币折合率可以选择销售额发生的当天或者当月1日的人民币外汇中间价。纳税人应事先确定采用何种折合率，确定后在1年内不得变更

【要点16】增值税进项税额抵扣的途径（掌握）

抵扣途径	内　　容
凭票 直接抵扣	增值税专用发票上注明的"税额"
	海关进口增值税专用缴款书上注明的"税额"
	从境外单位或者个人购进服务、无形资产或者不动产，自税务机关或者扣缴义务人取得的解缴税款的完税凭证上注明的增值税额
凭票 计算抵扣	购进农产品，取得一般纳税人开具的增值税专用发票或者海关进口增值税专用缴款书的，以增值税专用发票或海关进口增值税专用缴款书上注明的增值税额为进项税额；从按照简易计税方法依照3%征收率计算缴纳增值税的小规模纳税人取得增值税专用发票的，以增值税专用发票上注明的金额和9%的扣除率计算进项税额；取得（开具）农产品销售发票或收购发票的，以发票上注明的农产品买价和9%的扣除率计算进项税额；纳税人购进用于生产或者委托加工13%税率货物的农产品，按照10%的扣除率计算进项税额。进项税额计算公式为： 进项税额 = 买价 × 扣除率

续表

抵扣途径	内　容
凭票 计算抵扣	纳税人购进国内旅客运输服务未取得增值税专用发票的，暂按照以下规定确定进项税额： 取得增值税电子普通发票的，为发票上注明的税额； 取得注明旅客身份信息的航空运输电子客票行程单的，按照下列公式计算进项税额： 航空旅客运输进项税额 = （票价 + 燃油附加费）÷ （1 + 9%）× 9% 取得注明旅客身份信息的铁路车票的，按照下列公式计算进项税额： 铁路旅客运输进项税额 = 票面金额 ÷ （1 + 9%）× 9% 取得注明旅客身份信息的公路、水路等其他客票的，按照下列公式计算进项税额： 公路、水路等其他旅客运输进项税额 = 票面金额 ÷ （1 + 3%）× 3%

提示　只有一般纳税人才会涉及进项税额抵扣的问题。

【要点17】不得从销项税额中抵扣的进项税额（掌握）

1. 用于简易计税方法计税项目、免征增值税项目、集体福利或者个人消费的购进货物、劳务、服务、无形资产和不动产。其中涉及的固定资产、无形资产、不动产，仅指专用于上述项目的固定资产、无形资产（不包括其他权益性无形资产）、不动产。如果是既用于上述不允许抵扣项目又用于抵扣项目的，该进项税额准予全部抵扣。自2018年1月1日起，纳税人租入固定资产、不动产，既用于一般计税方法计税项目，又用于简易计税方法计税项目、免征增值税项目、集体福利或者个人消费的，其进项税额准予从销项税额中全额抵扣。

2. 非正常损失的购进货物，以及相关的劳务和交通运输服务。

3. 非正常损失的在产品、产成品所耗用的购进货物（不包括固定资产）、劳务和交通运输服务。

4. 非正常损失的不动产，以及该不动产所耗用的购进货物、设计服务和建筑服务。

5. 非正常损失的不动产在建工程所耗用的购进货物、设计服务和建筑服务。

6. 购进的贷款服务、餐饮服务、居民日常服务和娱乐服务。

7. 纳税人接受贷款服务向贷款方支付的与该笔贷款直接相关的投融资顾问费、手续费、咨询费等费用，其进项税额不得从销项税额中抵扣。

8. 财政部和国家税务总局规定的其他情形。

（1）纳税人的交际应酬消费属于个人消费。

（2）纳税人新建、改建、扩建、修缮、装饰不动产，均属于不动产在建工程。

（3）非正常损失，是指因管理不善造成货物被盗、丢失、霉烂变质，以及因违反法律法规造成货物或者不动产被依法没收、销毁、拆除的情形。

学习心得

【要点18】增值税进项税额抵扣的特殊规定（掌握）

项　目	内　容
适用一般计税方法的纳税人，兼营简易计税方法计税项目、免征增值税项目而无法划分不得抵扣的进项税额，按照右侧公式计算不得抵扣的进项税额	不得抵扣的进项税额＝当期无法划分的全部进项税额×（当期简易计税方法计税项目销售额＋免征增值税项目销售额）÷当期全部销售额
已抵扣进项税额的购进货物或劳务如果事后改变用途，用于集体福利或者个人消费、购进货物发生非正常损失、在产品或产成品发生非正常损失等	应将该项进项税额从当期的进项税额中扣减； 无法确定该项进项税额的，按当期外购项目的实际成本计算应扣减的进项税额
已抵扣进项税额的购进服务，发生不得从销项税额中抵扣情形（简易计税方法计税项目、免征增值税项目除外）的	应将该进项税额从当期进项税额中扣减； 无法确定该进项税额的，按照当期实际成本计算应扣减的进项税额

续表

项　目	内　容
已抵扣进项税额的固定资产，发生不得从销项税额中抵扣情形的，应在当月按右侧公式计算不得抵扣的进项税额	不得抵扣的进项税额 = 固定资产净值 × 适用税率 固定资产净值，是指纳税人按照财务会计制度计提折旧后计算的净值
已抵扣进项税额的无形资产，发生不得从销项税额中抵扣情形的，按右侧公式计算不得抵扣的进项税额	不得抵扣的进项税额 = 无形资产净值 × 适用税率 无形资产净值，是指纳税人按照财务会计制度摊销后计算的净值
已抵扣进项税额的不动产，发生非正常损失，或者改变用途，专用于简易计税方法计税项目、免征增值税项目、集体福利或者个人消费的，按照右侧公式计算不得抵扣的进项税额，并从当期进项税额中扣减	不得抵扣的进项税额 = 已抵扣进项税额 × 不动产净值率 不动产净值率 = （不动产净值 ÷ 不动产原值）× 100%

续表

项 目	内 容
纳税人适用一般计税方法计税的，发生销售折让、中止或者退回时	因销售折让、中止或者退回而退还给购买方的增值税额，应当从当期的销项税额中扣减；因销售折让、中止或者退回而收回的增值税额，应当从当期的进项税额中扣减
自2019年4月1日起，增值税一般纳税人取得不动产或者不动产在建工程的进项税额，不再分2年抵扣	此前按照规定尚未抵扣完毕的待抵扣进项税额，可自2019年4月税款所属期起从销项税额中抵扣
按规定不得抵扣且未抵扣进项税额的固定资产、无形资产，发生用途改变，用于允许抵扣进项税额的应税项目，可在用途改变的次月按照公式，计算可以抵扣的进项税额	可以抵扣的进项税额 = 固定资产、无形资产净值 ÷ (1 + 适用税率) × 适用税率 应取得合法有效的增值税扣税凭证
按规定不得抵扣进项税额的不动产，发生用途改变，用于允许抵扣进项税额项目的，按照右侧公式在改变用途的次月计算可抵扣进项税额	可抵扣进项税额 = 增值税扣税凭证注明或计算的进项税额 × 不动产净值率

【要点 19】简易计税方法应纳税额的计算（掌握）

类型	计算方法
小规模纳税人采用简易计税方法	小规模纳税人发生应税销售行为采用简易计税方法计税，应按照销售额和征收率计算应纳增值税税额，不得抵扣进项税额。其计算公式为： 应纳税额 = 销售额 × 征收率 简易计税方法的销售额不包括其应纳税额，纳税人采用销售额和应纳税额合并定价方法的，按照下列公式计算销售额： 销售额 = 含税销售额 ÷ (1 + 征收率) 纳税人适用简易计税方法计税的，因销售折让、中止或者退回而退还给购买方的销售额，应当从当期销售额中扣减。扣减当期销售额后仍有余额造成多缴的税款，可以从以后的应纳税额中扣减
特殊事项简易计税方法	(1) 纳税人销售旧货和使用过的固定资产，按照简易计税方法计税的： 销售额 = 含税销售额 ÷ (1 + 3%) 应纳税额 = 销售额 × 2% (2) 从事二手车经销业务的纳税人，销售其收购的二手车，按照简易计税方法计税的： 销售额 = 含税销售额 ÷ (1 + 0.5%) 应纳税额 = 销售额 × 0.5%

续表

类型	计算方法
一般纳税人选择简易计税方法	一般纳税人选择适用简易计税方法计税，不允许抵扣进项税额， 应纳税额 = 销售额 × 征收率 纳税人采用销售额和应纳税额合并定价方法的， 销售额 = 含税销售额 ÷ (1 + 征收率) 一般纳税人发生下列应税行为可以选择适用简易计税方法计税： (1) 公共交通运输服务，包括轮客渡、公交客运、地铁、城市轻轨、出租车、长途客运、班车。 (2) 经认定的动漫企业为开发动漫产品提供的动漫脚本编撰、形象设计、背景设计、动画设计、分镜、动画制作、摄制、描线、上色、画面合成、配音、配乐、音效合成、剪辑、字幕制作、压缩转码（面向网络动漫、手机动漫格式适配）服务，以及在境内转让动漫版权（包括动漫品牌、形象或者内容的授权及再授权）。 (3) 电影放映服务、仓储服务、装卸搬运服务、收派服务和文化体育服务。 (4) 以纳入"营改增"试点之日前取得的有形动产为标的物提供的经营租赁服务。 (5) 在纳入"营改增"试点之日前签订的尚未执行完毕的有形动产租赁合同。 一般纳税人发生财政部和国家税务总局规定的特定应税行为，可以选择适用简易计税方法计税，但一经选择，36 个月内不得变更

【要点20】进口货物应纳税额的计算（掌握）

项目	内　　容
进口货物应纳税额的计算公式	纳税人进口货物，无论是一般纳税人还是小规模纳税人，均应按照组成计税价格和规定的税率计算应纳税额，不允许抵扣发生在境外的任何税金。其计算公式为： 应纳税额＝组成计税价格×税率 组成计税价格的构成分两种情况： （1）不征消费税时：组成计税价格＝关税计税价格＋关税 （2）征收消费税时：组成计税价格＝关税计税价格＋关税＋消费税
关税计税价格的确定	进口货物的关税计税价格以成交价格以及该货物运抵中华人民共和国境内输入地点起卸前的运输及其相关费用、保险费为基础确定。 进口货物的成交价格，是指卖方向中华人民共和国境内销售该货物时买方为进口该货物向卖方实付、应付的，并按照《中华人民共和国关税法》第二十五条、第二十六条规定调整后的价款总额，包括直接支付的价款和间接支付的价款

【要点 21】增值税税收优惠（熟悉）

优惠类型	内　容
《增值税暂行条例》规定的免税项目	1. 农业生产者销售的自产农产品。 2. 避孕药品和用具。 3. 古旧图书。古旧图书，是指向社会收购的古书和旧书。 4. 直接用于科学研究、科学试验和教学的进口仪器、设备。 5. 外国政府、国际组织无偿援助的进口物资和设备。 6. 由残疾人的组织直接进口供残疾人专用的物品。 7. 销售自己使用过的物品。自己使用过的物品，是指其他个人自己使用过的物品
《营业税改征增值税试点实施办法》规定的免税项目	1. 托儿所、幼儿园提供的保育和教育服务。 2. 养老机构提供的养老服务。 3. 残疾人福利机构提供的育养服务。 4. 婚姻介绍服务。 5. 殡葬服务。 6. 残疾人员本人为社会提供的服务。 7. 医疗机构提供的医疗服务。

续表

优惠类型	内　容
《营业税改征增值税试点实施办法》规定的免税项目	8. 从事学历教育的学校提供的教育服务。 9. 学生勤工俭学提供的服务。 10. 农业机耕、排灌、病虫害防治、植物保护、农牧保险以及相关技术培训业务，家禽、牲畜、水生动物的配种和疾病防治。 11. 纪念馆、博物馆、文化馆、文物保护单位管理机构、美术馆、展览馆、书画院、图书馆在自己的场所提供文化体育服务取得的第一道门票收入。 12. 寺院、宫观、清真寺和教堂举办文化、宗教活动的门票收入。 13. 行政单位之外的其他单位收取的符合《营业税改征增值税试点实施办法》第十条规定条件的政府性基金和行政事业性收费。 14. 个人转让著作权。 15. 个人销售自建自用住房。 16. 公共租赁住房经营单位出租公共租赁住房。 17. 台湾航运公司、航空公司从事海峡两岸海上直航、空中直航业务在大陆取得的运输收入。 18. 纳税人提供的直接或者间接国际货物运输代理服务。 19. 符合规定条件的贷款、债券利息收入。

续表

优惠类型	内　容
《营业税改征增值税试点实施办法》规定的免税项目	20. 被撤销金融机构以货物、不动产、无形资产、有价证券、票据等财产清偿债务。 21. 保险公司开办的一年期以上人身保险产品取得的保费收入。 22. 符合规定条件的金融商品转让收入。 23. 金融同业往来利息收入。 24. 同时符合规定条件的担保机构从事中小企业信用担保或者再担保业务取得的收入（不含信用评级、咨询、培训等收入）3 年内免征增值税。 25. 国家商品储备管理单位及其直属企业承担商品储备任务，从中央或者地方财政取得的利息补贴收入和价差补贴收入。 26. 纳税人提供技术转让、技术开发和与之相关的技术咨询、技术服务。 27. 同时符合规定条件的合同能源管理服务。 28. 科普单位的门票收入，以及县级及以上党政部门和科协开展科普活动的门票收入。 29. 政府举办的从事学历教育的高等、中等和初等学校（不含下属单位），举办进修班、培训班取得的全部归该学校所有的收入。

续表

优惠类型	内　容
《营业税改征增值税试点实施办法》规定的免税项目	30. 政府举办的职业学校设立的主要为在校学生提供实习场所并由学校出资自办、由学校负责经营管理、经营收入归学校所有的企业，从事《销售服务、无形资产或者不动产注释》中"现代服务"（不含融资租赁服务、广告服务和其他现代服务）、"生活服务"（不含文化体育服务、其他生活服务和桑拿、氧吧）业务活动取得的收入。 31. 家政服务企业由员工制家政服务员提供家政服务取得的收入。 32. 福利彩票、体育彩票的发行收入。 33. 军队空余房产租赁收入。 34. 为了配合国家住房制度改革，企业、行政事业单位按房改成本价、标准价出售住房取得的收入。 35. 将土地使用权转让给农业生产者用于农业生产。 36. 涉及家庭财产分割的个人无偿转让不动产、土地使用权。 37. 土地所有者出让土地使用权和土地使用者将土地使用权归还给土地所有者。 38. 县级以上地方人民政府或自然资源行政主管部门出让、转让或收回自然资源使用权（不含土地使用权）。 39. 随军家属就业。 40. 军队转业干部就业

续表

优惠类型	内　容
起征点	纳税人发生应税销售行为的销售额未达到增值税起征点的，免征增值税；达到起征点的，全额计算缴纳增值税。 增值税起征点的适用范围限于个人，且不适用于登记为一般纳税人的个体工商户。起征点的幅度规定如下： 1. 按期纳税的，为月销售额 5 000 ~ 20 000 元（含本数）。 2. 按次纳税的，为每次（日）销售额 300 ~ 500 元（含本数）
小规模纳税人免税规定	自 2023 年 1 月 1 日至 2027 年 12 月 31 日，对月销售额 10 万元以下（含本数）的增值税小规模纳税人，免征增值税。增值税小规模纳税人适用 3% 征收率的应税销售收入，减按 1% 征收率征收增值税；适用 3% 预征率的预缴增值税项目，减按 1% 预征率预缴增值税
增值税期末留抵退税	分为增量留抵和存量留抵。 纳税人按照以下公式计算允许退还的留抵税额： 允许退还的增量留抵税额 = 增量留抵税额 × 进项构成比例 × 100% 允许退还的存量留抵税额 = 存量留抵税额 × 进项构成比例 × 100%

续表

优惠类型	内　　容
增值税期末留抵退税	进项构成比例，为2019年4月至申请退税前一税款所属期已抵扣的增值税专用发票（含带有"增值税专用发票"字样全面数字化的电子发票、税控机动车销售统一发票）、收费公路通行费增值税电子普通发票、海关进口增值税专用缴款书、解缴税款完税凭证注明的增值税额占同期全部已抵扣进项税额的比重
其他减免税规定	（1）纳税人兼营免税、减税项目的，应当分别核算免税、减税项目的销售额；未分别核算销售额的，不得免税、减税。 （2）纳税人发生应税销售行为适用免税规定的，可以放弃免税，依照《增值税暂行条例》或者《营业税改征增值税试点实施办法》的规定缴纳增值税。放弃免税后，36个月内不得再申请免税。 （3）纳税人发生应税销售行为同时适用免税和零税率规定的，纳税人可以选择适用免税或者零税率

【要点22】纳税义务发生时间（熟悉）

销售方式	发生时间
采取直接收款方式销售货物	不论货物是否发出，均为收到销售款或者取得索取销售款凭据的当天
采取托收承付和委托银行收款方式销售货物	为发出货物并办妥托收手续的当天
采取赊销和分期收款方式销售货物	为书面合同约定的收款日期的当天，无书面合同的或者书面合同没有约定收款日期的，为货物发出的当天
采取预收货款方式销售货物	为货物发出的当天，但生产销售生产工期超过12个月的大型机械设备、船舶、飞机等货物，为收到预收款或者书面合同约定的收款日期的当天
委托其他纳税人代销货物	为收到代销单位的代销清单或者收到全部或部分货款的当天。未收到代销清单及货款的，为发出代销货物满180天的当天

续表

销售方式	发生时间
提供租赁服务采取预收款方式	为收到预收款的当天
从事金融商品转让	为金融商品所有权转移的当天
纳税人发生相关视同销售货物行为	为货物移送的当天
纳税人发生视同销售劳务、服务、无形资产、不动产情形的	为劳务服务、无形资产转让完成的当天或者不动产权属变更的当天
纳税人进口货物	为报关进口的当天

【要点23】增值税专用发票的使用规定（掌握）

项目	内　　容
概念	增值税专用发票，是增值税一般纳税人发生应税销售行为开具的发票，是购买方支付增值税税额并可按照增值税有关规定据以抵扣增值税进项税额的凭证。一般纳税人应通过增值税防伪税控系统使用专用发票
联次及用途	专用发票由基本联次或者基本联次附加其他联次构成，基本联次为 3 联，分别为： 1. 发票联，作为购买方核算采购成本和增值税进项税额的记账凭证。 2. 抵扣联，作为购买方报送主管税务机关认证和留存备查的扣税凭证。 3. 记账联，作为销售方核算销售收入和增值税销项税额的记账凭证。 其他联次用途，由一般纳税人自行确定。自 2014 年 8 月 1 日起启用新版增值税纸质专用发票
领购	一般纳税人有下列情形之一的，不得领购开具专用发票： 1. 会计核算不健全，不能向税务机关准确提供增值税销项税额、进项税额、应纳税额数据及其他有关增值税税务资料的。 2. 有《税收征管法》规定的税收违法行为，拒不接受税务机关处理的。

项目	内　容
领购	3. 有下列行为之一，经税务机关责令限期改正而仍未改正的： （1）虚开增值税专用发票； （2）私自印制专用发票； （3）向税务机关以外的单位和个人买取专用发票； （4）借用他人专用发票； （5）未按规定开具专用发票； （6）未按规定保管专用发票和专用设备； （7）未按规定申请办理防伪税控系统变更发行； （8）未按规定接受税务机关检查
使用管理	1. 专用发票实行最高开票限额管理。最高开票限额，是指单份专用发票开具的销售额合计数不得达到的上限额度。 2. 不得开具增值税专用发票的情形：（1）商业企业一般纳税人零售烟、酒、食品、服装、鞋帽（不包括劳保专用部分）、化妆品等消费品的；（2）应税销售行为的购买方为消费者个人的；（3）发生应税销售行为适用免税规定的。 3. 专用发票开具要求：（1）项目齐全，与实际交易相符；（2）字迹清楚，不得压线、错格；（3）发票联和抵扣联加盖财务专用章或者发票专用章；（4）按照增值税纳税义务的发生时间开具

【要点 24】全面数字化电子发票（熟悉）

1. 截至 2023 年 12 月 1 日，各省（区、市）均已在部分纳税人中开展全面数字化的电子发票（以下简称"数电票"）试点，试点纳税人通过电子发票服务平台开具发票的受票方范围为全国，并作为受票方接收全国其他数电票试点省（区、市）纳税人开具的数电票。

2. 数电票的法律效力、基本用途等与现有纸质发票相同。其中，带有"增值税专用发票"字样的数电票，其法律效力、基本用途与现有增值税专用发票相同；带有"普通发票"字样的数电票，其法律效力、基本用途与现有普通发票相同；带有"航空运输电子客票行程单"字样的数电票，其法律效力、基本用途与现有航空运输电子客票行程单相同；带有"铁路电子客票"字样的数电票，其法律效力、基本用途与现有铁路车票相同。

3. 数电票由各省（区、市）税务局监制。数电票无联次，基本内容包括：发票号码、开票日期、购买方信息、销售方信息、项目名称、规格型号、单位、数量、单价、金额、税率/征收率、税额、合计、价税合计（大写、小写）、备注、开票人等。

4. 电子发票服务平台支持开具增值税纸质专用发票和增值税纸质普通发票（折叠票）。

5. 试点纳税人通过实人认证等方式进行身份验证后，无需使用税控专用设备即可通过电子发票服务平台开具发票，无需进行发票验旧操作。其中，数电票无需进行发票票种核定和发票领用。

6. 税务机关对使用电子发票服务平台开具发票的试点纳税人开票实行发票总额度管理。发票总额度，是指一个自然月内，试点纳税人发票开具总金额（不含增值税）的上限额度。

7. 试点纳税人通过电子发票服务平台税务数字账户自动交付数电票，也可通过电子邮件、二维码等方式自行交付数电票。

【要点25】消费税征税范围（掌握）

项目	内　　容
生产应税消费品	1. 生产销售应税消费品。 纳税人生产的应税消费品，于纳税人销售时纳税。 2. 自产自用应税消费品。 纳税人自产自用的应税消费品，用于连续生产应税消费品的，不纳税；用于其他方面的，于移送使用时纳税。 用于连续生产应税消费品，是指纳税人将自产自用应税消费品作为直接材料生产最终应税消费品，自产自用应税消费品构成最终应税消费品的实体。 用于其他方面，是指纳税人将自产自用的应税消费品用于生产非应税消费品、在建工程、管理部门、非生产机构、提供劳务、馈赠、赞助、集资、广告、样品、职工福利、奖励等方面。 3. 视为生产销售应税消费品。 工业企业以外的单位和个人的下列行为视为应税消费品的生产行为，按规定征收消费税： （1）将外购的消费税非应税产品以消费税应税产品对外销售的； （2）将外购的消费税低税率应税产品以高税率应税产品对外销售的

续表

项目	内　容
委托加工应税消费品	1. 委托加工应税消费品的含义。 委托加工的应税消费品，是指由委托方提供原料和主要材料，受托方只收取加工费和代垫部分辅助材料加工的应税消费品。对于由受托方提供原材料生产的应税消费品，或者受托方先将原材料卖给委托方，然后再接受加工的应税消费品，以及由受托方以委托方名义购进原材料生产的应税消费品，不论在财务上是否作为销售处理，都不得作为委托加工应税消费品，而应当按照销售自制应税消费品缴纳消费税。 2. 委托加工应税消费品的纳税人与扣缴义务人。 委托加工的应税消费品，除受托方为个人外，由受托方在向委托方交货时代收代缴消费税。委托个人加工的应税消费品，由委托方收回后缴纳消费税。 3. 委托加工应税消费品的纳税义务。 委托加工的应税消费品，委托用于连续生产应税消费品的，所纳税款准予按规定抵扣。 委托方将收回的应税消费品，以不高于受托方的计税价格出售的，为直接出售，不再缴纳消费税；委托方以高于受托方的计税价格出售的，不属于直接出售，需按照规定申报缴纳消费税，在计税时准予扣除受托方已代收代缴的消费税

续表

项目	内　容
进口应税消费品	单位和个人进口应税消费品，于报关进口时缴纳消费税。为了减少征税成本，进口环节缴纳的消费税由海关代征
零售应税消费品	1. 商业零售金银首饰。 自 1995 年 1 月 1 日起，金银首饰消费税由生产销售环节征收改为零售环节征收。改在零售环节征收消费税的金银首饰仅限于金基、银基合金首饰以及金、银和金基、银基合金的镶嵌首饰。自 2002 年 1 月 1 日起，对钻石及钻石饰品消费税的纳税环节由生产环节、进口环节后移至零售环节。自 2003 年 5 月 1 日起，铂金首饰消费税改为零售环节征税。 下列业务视同零售业，在零售环节缴纳消费税： （1）为经营单位以外的单位和个人加工金银首饰。加工包括带料加工、翻新改制、以旧换新等业务，不包括修理和清洗。 （2）经营单位将金银首饰用于馈赠、赞助、集资、广告样品、职工福利、奖励等方面。 （3）未经中国人民银行总行批准，经营金银首饰批发业务的单位将金银首饰销售给经营单位。

项目	内　　容
零售应税消费品	2. 零售超豪华小汽车。 自 2016 年 12 月 1 日起，对超豪华小汽车，在生产（进口）环节按现行税率征收消费税基础上，在零售环节加征消费税，将超豪华小汽车销售给消费者的单位和个人为超豪华小汽车零售环节纳税人
批发销售卷烟和电子烟	自 2015 年 5 月 10 日起，将卷烟批发环节从价税税率由 5% 提高至 11%，并按 0.005 元/支加征从量税。 烟草批发企业将卷烟销售给其他烟草批发企业的，不缴纳消费税。 卷烟消费税改为在生产和批发两个环节征收后，批发企业在计算应纳税额时不得扣除已含的生产环节的消费税税款。 纳税人兼营卷烟批发和零售业务的，应当分别核算批发和零售环节的销售额、销售数量；未分别核算批发和零售环节销售额、销售数量的，按照全部销售额、销售数量计征批发环节消费税

【要点26】消费税征税环节梳理（掌握）

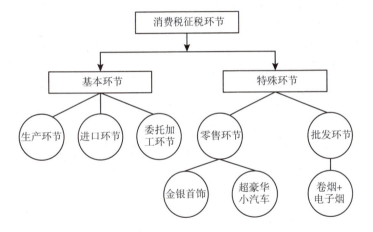

特殊环节梳理：

项目	包含内容	缴税方式
金银首饰	仅限于金基、银基合金首饰以及金、银和金基、银基合金的镶嵌首饰、钻石及钻石饰品、铂金首饰	只有零售环节征税，生产环节不征税
超豪华小汽车	每辆零售价格为 130 万元（不含增值税）及以上的乘用车和中轻型商用客车	在生产（进口）环节按现行税率征收消费税基础上，在零售环节加征消费税
卷烟		卷烟批发环节税率 11%，并按 0.005 元/支加征从量税

【要点27】消费税税目（熟悉）

税目			规　　定
烟	卷烟		1. 甲类卷烟56%＋0.003元/支。 2. 乙类卷烟36%＋0.003元/支。 3. 批发环节11%＋0.005元/支
	雪茄烟		36%
	烟丝		30%
	电子烟	生产（进口）环节	36%
		批发环节	11%

税目		规　定
酒	白酒	包括粮食白酒和薯类白酒。20% + 0.5 元/500 克（或 500 毫升）
	黄酒	240 元/吨
	啤酒	1. 甲类啤酒 250 元/吨。 2. 乙类啤酒 220 元/吨。 对饮食业、商业、娱乐业举办的啤酒屋（啤酒坊）利用啤酒生产设备生产的啤酒，应当征收消费税
	其他酒	包括糠麸白酒、其他原料白酒、土甜酒、复制酒、果木酒、汽酒、药酒、葡萄酒等。税率为 10%
高档化妆品		包括高档美容、修饰类化妆品、高档护肤类化妆品和成套化妆品。舞台、戏曲、影视演员化妆用的上妆油、卸妆油、油彩，不属于本税目征税范围。税率为 15%

续表

税目		规　定
贵重首饰及珠宝玉石	包括各种金银珠宝首饰和经采掘、打磨、加工的各种珠宝玉石	
	金银首饰、铂金首饰和钻石及钻石饰品	5%
	其他贵重首饰和珠宝玉石	10%
鞭炮焰火	体育上用的发令纸、鞭炮药引线，不按本税目征收。税率为15%	
成品油	汽油	含甲醇和乙醇汽油。税率 1.52 元/升
	柴油	含生物柴油。税率 1.20 元/升
	石脑油	税率 1.52 元/升
	溶剂油	税率 1.52 元/升
	航空煤油	税率 1.20 元/升
	润滑油	税率 1.52 元/升

续表

税目		规　定
成品油	燃料油（重油、渣油）	税率1.20元/升。 2012年11月1日起，催化料、焦化料属于燃料油征税范围
摩托车	气缸容量（排气量）250毫升的	3%
	气缸容量在250毫升（不含）以上的	10%
小汽车	乘用车	1%～40%
	中轻型商用客车	5%
	超豪华小汽车 （自2016年12月1日起）	乘用车和中轻型商用客车子税目中的超豪华小汽车，零售价130万元以上。对超豪华小汽车，在零售环节加征消费税，税率为10%

续表

税目	规　定	
高尔夫球及球具	包括高尔夫球、高尔夫球杆及高尔夫球包（袋）、高尔夫球杆的杆头、杆身和握把	10%
高档手表	不含增值税售价每只在 10 000 元（含）以上	20%
游艇	10%	
木制一次性筷子	5%	
实木地板	5%	

续表

税目	规　　定	
电池	包括原电池、蓄电池、燃料电池、太阳能电池和其他电池。 对无汞原电池、金属氢化物镍蓄电池（又称"氢镍蓄电池"或"镍氢蓄电池"）、锂原电池、锂离子蓄电池、太阳能电池、燃料电池和全钒液流电池免征消费税	4%
涂料	对施工状态下挥发性有机物（VOC）含量低于420克/升的涂料免征消费税	4%

提示　（1）电动汽车不属于本税目征收范围；沙滩车、雪地车、卡丁车、高尔夫车不属于消费税征税范围；企业购进货车或厢式货车改装生产的商务车、卫星通信车等专用汽车不属于消费税征税范围；对于购进乘用车和中轻型商用客车改装生产的汽车，应按规定征收消费税。

（2）下列卷烟不分征税类别一律按照56%卷烟税率征税，并按照定额每标准箱150元计算征税：①白包卷烟；②手工卷烟；③未经国务院批准纳入计划的企业和个人生产的卷烟。

【要点28】消费税计税依据（掌握）

从价计征销售额的确定（同增值税）	纳税人销售应税消费品向购买方收取的全部价款和价外费用，不包括应向购买方收取的增值税款。 应税消费品的销售额＝含增值税的销售额÷（1＋增值税税率或征收率）
从量计征销售数量的确定	1. 销售应税消费品的，为应税消费品的销售数量。 2. 自产自用应税消费品的，为应税消费品的移送使用数量。 3. 委托加工应税消费品的，为纳税人收回的应税消费品数量。 4. 进口应税消费品的，为海关核定的应税消费品进口征税数量。 适用：成品油、黄酒、啤酒
复合计征的计税依据	销售额同从价计征销售额的确定方法；销售数量确定同从量计征销售数量的确定。适用：白酒、卷烟

【要点29】特殊情形下的销售额和销售数量（掌握）

特殊情形	计税依据
销售价格明显偏低并无正当理由的	由主管税务机关核对计税价格： （1）卷烟、白酒和小汽车的计税价格由国家税务总局核定，送财政部备案。 （2）其他应税消费品的计税价格由省、自治区和直辖市国家税务局核定。 （3）进口的应税消费品的计税价格由海关核定
非独立核算门市部销售的自产应税消费品	按门市部对外销售额或销售数量征收消费税
换取生产资料、消费资料、投资入股、抵偿债务	应当以纳税人同类应税消费品的最高销售价格为依据计算消费税
白酒生产企业向商业销售单位收取的"品牌使用费"	不论企业采取何种方式或以何种名义收取价款，均应并入白酒的销售额中缴纳消费税

续表

特殊情形	计税依据
包装物押金	1. 实行从价计征办法征收消费税的应税消费品连同包装销售的，无论包装物是否单独计价以及在会计上如何核算，均应并入应税消费品的销售额中缴纳消费税。 2. 如果包装物不作价随同产品销售，而是收取押金，此项押金则不应并入应税消费品的销售额中征税。但对因逾期未收回的包装物不再退还的或者已收取的时间超过 12 个月的押金，应并入应税消费品的销售额，缴纳消费税。 3. 对包装物既作价随同应税消费品销售，又另外收取押金的包装物的押金，凡纳税人在规定的期限内没有退还的，均应并入应税消费品的销售额，按照应税消费品的适用税率缴纳消费税。 4. 对酒类生产企业销售酒类产品而收取的包装物押金，无论押金是否返还及会计上如何核算，均应并入酒类产品销售额，征收消费税

续表

特殊情形	计税依据
特殊销售金银首饰	1. 纳税人采用以旧换新（含翻新改制）方式销售的金银首饰，应按实际收取的不含增值税的全部价款确定计税依据征收消费税。 2. 对既销售金银首饰，又销售非金银首饰的生产、经营单位，应将两类商品划分清楚，分别核算销售额。凡划分不清楚或不能分别核算的并在生产环节销售的，一律从高适用税率征收消费税；在零售环节销售的，一律按金银首饰征收消费税。 3. 金银首饰与其他产品组成成套消费品销售的，应按销售额全额征收消费税。 4. 金银首饰连同包装物销售的，无论包装是否单独计价，也无论会计上如何核算，均应并入金银首饰的销售额计征消费税。 5. 带料加工的金银首饰，应按受托方销售同类金银首饰的销售价格确定计税依据征收消费税。没有同类金银首饰销售价格的，按照组成计税价格计算纳税

续表

特殊情形	计税依据
电子烟	纳税人生产、批发电子烟的，按照生产、批发电子烟的销售额计算纳税。电子烟生产环节纳税人采用代销方式销售电子烟的，按照经销商（代理商）销售给电子烟批发企业的销售额计算纳税。纳税人进口电子烟的，按照组成计税价格计算纳税。电子烟生产环节纳税人从事电子烟代加工业务的，应当分开核算持有商标电子烟的销售额和代加工电子烟的销售额；未分开核算的，一并缴纳消费税

【要点30】消费税应纳税额的计算（掌握）

类型	计算方法
生产销售应纳消费税的计算	（1）实行从价定率计征消费税的，其计算公式为： 应纳税额＝销售额×比例税率 （2）实行从量定额计征消费税的，其计算公式为： 应纳税额＝销售数量×定额税率 （3）实行从价定率和从量定额复合方法计征消费税的，其计算公式为： 应纳税额＝销售额×比例税率＋销售数量×定额税率 现行消费税的征税范围中，只有卷烟、白酒采用复合计算方法
自产自用应纳消费税的计算	纳税人自产自用的应税消费品，用于连续生产应税消费品的，不纳税；凡用于其他方面的，于移送使用时，按照纳税人生产的同类消费品的销售价格计算纳税；没有同类消费品销售价格的，按照组成计税价格计算纳税。 （1）实行从价定率办法计征消费税的，其计算公式为： 组成计税价格＝（成本＋利润）÷（1－比例税率） 应纳税额＝组成计税价格×比例税率

类型	计算方法
自产自用 应纳消费 税的计算	（2）实行复合计税办法计征消费税的，其计算公式为： 组成计税价格 =（成本 + 利润 + 自产自用数量 × 定额税率）÷（1 − 比例税率） 应纳税额 = 组成计税价格 × 比例税率 + 自产自用数量 × 定额税率 上述公式中所说的"成本"，是指应税消费品的产品生产成本。 上述公式中所说的"利润"，是指根据应税消费品的全国平均成本利润率计算的利润。应税消费品全国平均成本利润率由国家税务总局确定。 同类消费品的销售价格是指纳税人或者代收代缴义务人当月销售的同类消费品的销售价格，如果当月同类消费品各期销售价格高低不同，应按销售数量加权平均计算。但销售的应税消费品有下列情况之一的，不得列入加权平均计算： ①销售价格明显偏低又无正当理由的； ②无销售价格的。 如果当月无销售或者当月未完结，应按照同类消费品上月或者最近月份的销售价格计算纳税

续表

类型	计算方法
委托加工应纳消费税的计算	委托加工的应税消费品，按照受托方的同类消费品的销售价格计算纳税，没有同类消费品销售价格的，按照组成计税价格计算纳税。 (1) 实行从价定率办法计征消费税的，其计算公式为： 组成计税价格 = (材料成本 + 加工费) ÷ (1 - 比例税率) 应纳税额 = 组成计税价格 × 比例税率 (2) 实行复合计税办法计征消费税的，其计算公式为： 组成计税价格 = (材料成本 + 加工费 + 委托加工数量 × 定额税率) ÷ (1 - 比例税率) 应纳税额 = 组成计税价格 × 比例税率 + 委托加工数量 × 定额税率 材料成本，是指委托方所提供加工材料的实际成本。委托加工应税消费品的纳税人，必须在委托加工合同上如实注明 (或以其他方式提供) 材料成本，凡未提供材料成本的，受托方税务机关有权核定其材料成本。 加工费，是指受托方加工应税消费品向委托方所收取的全部费用 (包括代垫辅助材料的实际成本)，不包括增值税税款

续表

类型	计算方法
进口环节应纳消费税的计算	纳税人进口应税消费品，按照组成计税价格和规定的税率计算应纳税额。 （1）从价定率计征消费税的，其计算公式为： 　组成计税价格＝（关税计税价格＋关税）÷（1－消费税比例税率） 　应纳税额＝组成计税价格×消费税比例税率 公式中所称"关税计税价格"，是指海关核定的关税计税价格。 （2）实行复合计税办法计征消费税的，其计算公式为： 　组成计税价格＝（关税计税价格＋关税＋进口数量×定额税率）÷（1－消费税比例税率） 　应纳税额＝组成计税价格×消费税比例税率＋进口数量×定额税率

【要点31】外购应税消费品已纳税款的扣除（掌握）

由于某些应税消费品是用外购已缴纳消费税的应税消费品连续生产出来的，在对这些连续生产出来的应税消费品计算征税时，税法规定应按当期生产领用数量计算准予扣除外购的应税消费品已纳的消费税税款。扣除范围包括：

（1）外购已税烟丝生产的卷烟；

（2）外购已税高档化妆品原料生产的高档化妆品；

（3）外购已税珠宝、玉石原料生产的贵重首饰及珠宝、玉石；

（4）外购已税鞭炮、焰火原料生产的鞭炮、焰火；

（5）外购已税杆头、杆身和握把为原料生产的高尔夫球杆；

（6）外购已税木制一次性筷子原料生产的木制一次性筷子；

（7）外购已税实木地板原料生产的实木地板；

（8）外购已税石脑油、润滑油、燃料油为原料生产的成品油；

（9）外购已税汽油、柴油为原料生产的汽油、柴油。

【要点32】委托加工收回的应税消费品已纳税款的扣除（掌握）

委托加工的应税消费品因为已由受托方代收代缴消费税，因此，委托方收回货物后用于连续生产应税消费品的，其已纳税款准予按照规定从连续生产的应税消费品应纳消费税税额中抵扣。按照《消费税法》的规定，下列连续生产的应税消费品准予从应纳消费税税额中按当期生产领用数量计算扣除委托加工收回的应税消费品已纳消费税税款：

（1）以委托加工收回的已税烟丝为原料生产的卷烟；

（2）以委托加工收回的已税高档化妆品原料生产的高档化妆品；

（3）以委托加工收回的已税珠宝、玉石原料生产的贵重首饰及珠宝、玉石；

（4）以委托加工收回的已税鞭炮、焰火原料生产的鞭炮、焰火；

（5）以委托加工收回的已税杆头、杆身和握把为原料生产的高尔夫球杆；

（6）以委托加工收回的已税木制一次性筷子原料生产的木制一次性筷子；

（7）以委托加工收回的已税实木地板原料生产的实木地板；

（8）以委托加工收回的已税石脑油、润滑油、燃料油为原料生产的成品油；

（9）以委托加工收回的已税汽油、柴油为原料生产的汽油、柴油。

【要点33】消费税纳税义务发生时间（熟悉）

	项目	纳税义务发生时间
销售应税消费品	赊销和分期收款结算方式	书面合同约定的收款日期的当天，书面合同没有约定收款日期或者无书面合同的，为发出应税消费品的当天
	预收货款结算方式	发出应税消费品的当天
	托收承付和委托银行收款方式	发出应税消费品并办妥托收手续的当天
	其他结算方式	收讫销售款或者取得索取销售款凭据的当天
自产自用应税消费品		移送使用的当天
委托加工应税消费品		纳税人提货的当天
进口应税消费品		报关进口的当天

【要点34】城市维护建设税（掌握）

项目	内　　容
纳税人	在我国境内缴纳增值税、消费税的单位和个人，包括各类企业、行政单位、事业单位、军事单位、社会团体及其他单位，以及个体工商户和其他个人
税率 （了解）	1. 纳税人所在地在市区的，税率为7%； 2. 纳税人所在地在县城、镇的，税率为5%； 3. 纳税人所在地不在市区、县城或者镇的，税率为1%
计税依据	为纳税人实际缴纳的增值税、消费税税额。在计算计税依据时，应当按照规定扣除期末留抵退税退还的增值税税额
应纳税额的计算	应纳税额＝实际缴纳的增值税、消费税税额×适用税率

【要点35】教育费附加和地方教育附加（熟悉）

项目	内　容
征收范围	为税法规定征收增值税、消费税的单位和个人
计征依据	以纳税人实际缴纳的增值税、消费税税额之和为计征依据
计算公式	应纳教育费附加＝实际缴纳增值税、消费税税额之和×征收比率 应纳地方教育附加＝实际缴纳增值税、消费税税额之和×征收比率
减免规定	1. 对海关进口产品征收的增值税、消费税，不征收教育费附加与地方教育附加。 2. 对由于减免增值税、消费税而发生退税的，可同时退还已征收的教育费附加与地方教育附加。但对出口产品退还增值税、消费税的，不退还已征的教育费附加与地方教育附加

【要点 36】车辆购置税（掌握）

项目	内　　容
纳税人	在中华人民共和国境内购置汽车、有轨电车、汽车挂车、排气量超过 150 毫升的摩托车的单位和个人
征收范围	包括汽车、有轨电车、汽车挂车、排气量超过 150 毫升的摩托车
计税依据 （熟悉）	1. 纳税人购买自用应税车辆的计税价格，为纳税人实际支付给销售者的全部价款，不包括增值税税款。 2. 纳税人进口自用应税车辆的计税价格，为关税计税价格加上关税和消费税。 3. 纳税人自产自用应税车辆的计税价格，按照纳税人生产的同类应税车辆的销售价格确定，不包括增值税税款。 4. 纳税人以受赠、获奖或者其他方式取得自用应税车辆的计税价格，按照购置应税车辆时相关凭证载明的价格确定，不包括增值税税款。 5. 纳税人申报的应税车辆计税价格明显偏低，又无正当理由的，由税务机关依照《中华人民共和国税收征收管理法》的规定核定其应纳税额
应纳税额的计算 （熟悉）	应纳税额 = 计税依据 × 税率 10% 进口应税车辆应纳税额 = (关税计税价格 + 关税 + 消费税) × 税率

【要点37】关税的纳税人和课税对象（掌握）

纳税人	进出口货物的收、发货人	(1) 外贸进出口公司； (2) 工贸或农贸结合的进出口公司； (3) 其他经批准经营进出口商品的企业
	进境物品的携带人或者收件人	(1) 入境旅客随身携带的行李、物品的持有人； (2) 各种运输工具上服务人员入境时携带自用物品的持有人； (3) 馈赠物品以及其他方式入境个人物品的所有人； (4) 个人邮递物品的收件人
课税对象	进出口的货物、进出境物品	

【要点38】关税税率（了解）

税率种类	内　容
最惠国税率	原产于共同适用最惠国待遇条款的世界贸易组织成员的进口货物，原产于与中华人民共和国缔结或者共同参加含有相互给予最惠国待遇条款的国际条约、协定的国家或者地区的进口货物，以及原产于中华人民共和国境内的进口货物，适用最惠国税率
协定税率	原产于与我国缔结或者共同参加含有关税优惠条款的国际条约、协定的国家或者地区且符合国际条约、协定有关规定的进口货物，适用协定税率
特惠税率	原产于我国给予特殊关税优惠安排的国家或者地区且符合国家原产地管理规定的进口货物，适用特惠税率
普通税率	原产于除适用最惠国税率、协定税率、特惠税率国家或者地区以外的国家或者地区的进口货物，以及原产地不明的进口货物，适用普通税率

续表

税率种类	内　　容
关税配额税率	实行关税配额管理的进口货物，关税配额内的适用关税配额税率。关税配额是进口国限制进口货物数量的措施，把征收关税和进口配额相结合以限制进口。对于在配额内进口的货物可以适用较低的关税配额税率，对于配额之外的则适用较高税率
进口暂定税率	指各国根据进口货物的认定及调整后暂时执行的税率。适用最惠国税率、协定税率、特惠税率、关税配额税率的进口货物在一定期限内可以实行暂定税率。适用普通税率的进口货物，不适用暂定税率
出口税率	是指国家对出口商品征收的关税税率。自 2024 年 1 月 1 日起，继续对铬铁等 107 项商品征收出口关税，对其中 68 项商品实施出口暂定税率。适用出口税率的出口货物有暂定税率的，适用暂定税率

【要点39】关税的计税依据（熟悉）

总体：我国对进出口货物征收关税，关税主要以进出口货物的计税价格为计税依据。

1. 进口货物的计税价格

确定基础	以成交价格及该货物运抵我国境内输入地点起卸前的运输及其相关费用、保险费为基础确定
进口货物的成交价格应符合的条件	（1）对买方处置或者使用该货物不予限制，但法律、行政法规规定的限制、对货物转售地域的限制和对货物价格无实质性影响的限制除外。（2）该货物的成交价格没有因搭售或者其他因素的影响而无法确定。（3）卖方不得从买方直接或者间接获得因该货物进口后转售、处置或者使用而产生的任何收益，或者虽有收益但能够按照《关税法》第二十五条、第二十六条的规定进行调整。（4）买卖双方没有特殊关系，或者虽有特殊关系但未对成交价格产生影响

续表

进口货物的下列费用应计入计税价格	（1）由买方负担的购货佣金以外的佣金和经纪费。（2）由买方负担的与该货物视为一体的容器的费用。（3）由买方负担的包装材料费用和包装劳务费用。（4）与该货物的生产和向我国境内销售有关的，由买方以免费或者以低于成本的方式提供并可以按适当比例分摊的料件、工具、模具、消耗材料及类似货物的价款，以及在我国境外开发、设计等相关服务的费用。（5）作为该货物向我国境内销售的条件，买方必须支付的、与该货物有关的特许权使用费。（6）卖方直接或者间接从买方获得的该货物进口后转售、处置或者使用的收益
不计入该货物的计税价格的费用、税收	（1）厂房、机械、设备等货物进口后进行建设、安装、装配、维修和技术服务的费用，但保修费用除外。（2）进口货物运抵我国境内输入地点起卸后的运输及其相关费用、保险费。（3）进口关税及国内税收

续表

进口货物的成交价格不符合规定条件或不能确定的,依次以右侧价格估定该货物的计税价格	(1)与该货物同时或者大约同时向我国境内销售的相同货物的成交价格。(2)与该货物同时或者大约同时向我国境内销售的类似货物的成交价格。(3)与该货物进口的同时或者大约同时,将该进口货物、相同或者类似进口货物在我国境内第一级销售环节销售给无特殊关系买方最大销售总量的单位价格,但应当扣除《关税法》第二十八条规定的项目。(4)按照下列各项总和计算的价格:生产该货物所使用的料件成本和加工费用,向我国境内销售同等级或者同种类货物通常的利润和一般费用,该货物运抵我国境内输入地点起卸前的运输及其相关费用、保险费。(5)以合理方法估定的价格

2. 出口货物的计税价格

确定基础	以该货物的成交价格及该货物运至我国境内输出地点装载前的运输及其相关费用、保险费为基础确定。出口货物的成交价格,是指该货物出口时卖方为出口该货物应当向买方直接收取和间接收取的价款总额。出口关税不计入计税价格

续表

成交价格不能确定的，依次以右侧价格估定该货物的计税价格	（1）与该货物同时或者大约同时向同一国家或者地区出口的相同货物的成交价格。（2）与该货物同时或者大约同时向同一国家或者地区出口的类似货物的成交价格。（3）按照下列各项总和计算的价格：我国境内生产相同或者类似货物的料件成本、加工费用，通常的利润和一般费用，境内发生的运输及其相关费用、保险费。（4）以合理方法估定的价格

学习心得

【要点40】关税应纳税额的计算（熟悉）

种类	计算方法
从价税	应纳税额 = 应税进出口货物计税价格 × 适用税率
从量税	应纳税额 = 应税进出口货物数量 × 定额税率
复合税	应纳税额 = 应税进出口货物计税价格 × 适用税率 + 应税进出口货物数量 × 定额税率

学习心得 -------------------------------------

【要点41】关税税收优惠（了解）

优惠种类	内容
免税	1. 国务院规定的免征额度内的一票货物。 2. 无商业价值的广告品和货样。 3. 进出境运输工具装载的途中必需的燃料、物料和饮食用品。 4. 在海关放行前损毁或者灭失的货物、进境物品。 5. 外国政府、国际组织无偿赠送的物资。 6. 中华人民共和国缔结或者共同参加的国际条约、协定规定免征关税的货物、进境物品。 7. 依照有关法律规定免征关税的其他货物、进境物品
减税	1. 在海关放行前遭受损坏的货物、进境物品。 2. 中华人民共和国缔结或者共同参加的国际条约、协定规定减征关税的货物、进境物品。 3. 依照有关法律规定减征关税的其他货物、进境物品

【要点42】关税征收管理（了解）

项目	内容
纳税申报	进出口货物的纳税人、扣缴义务人可以按照规定选择海关办理申报纳税。 纳税人、扣缴义务人应当按照规定的期限和要求如实向海关申报税额，并提供相关资料。 必要时，海关可以要求纳税人、扣缴义务人补充申报
纳税期限	进出口货物的纳税人、扣缴义务人应当自完成申报之日起十五日内缴纳税款；符合海关规定条件并提供担保的，可以于次月第五个工作日结束前汇总缴纳税款。 因不可抗力或者国家税收政策调整，不能按期缴纳的，经向海关申请并提供担保，可以延期缴纳，但最长不得超过六个月

第五章　所得税法律制度

☞ 掌握企业所得税纳税人、征税对象、应纳税所得额计算、应纳税额计算
☞ 掌握个人所得税纳税人及其纳税义务、所得来源的确定、应税所得项目、应纳税所得额的确定和应纳税额的计算
☞ 熟悉企业所得税中相关资产的税务处理、税收优惠和征收管理
☞ 熟悉个人所得税征收管理

【要点1】企业所得税纳税人分类（掌握）

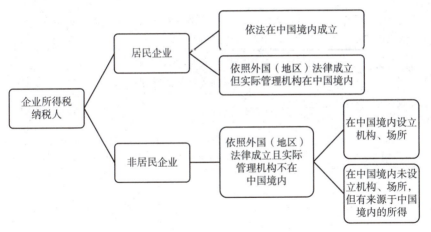

【要点2】企业所得税征税范围及税率（掌握）

纳税人	征税范围	税率
居民企业	境内＋境外的所得	25%
设有机构场所的非居民企业	与该机构场所有关的境内＋境外所得	25%
	与该机构场所无关的境内所得	20%（10%）*
未设有机构场所但有来源于境内的所得的非居民企业	境内所得	20%（10%）*

注：＊表示在中国境内未设立机构、场所的，或者虽设立机构、场所但取得的所得与其所设机构、场所没有实际联系的非居民企业，其取得的来源于中国境内的所得，减按10%的税率征收企业所得税。

【要点3】确定所得来源地（掌握）

所得	来源地
销售货物	交易活动发生地
提供劳务	劳务发生地
转让不动产	不动产所在地
转让动产	转让动产的企业或者机构、场所所在地
转让权益性投资资产	被投资企业所在地
股息、红利等权益性投资	分配所得的企业所在地
利息、租金、特许权使用费	负担、支付所得的企业、机构、场所所在地，或者负担、支付所得的个人的住所地
其他	国务院财政、税务主管部门确定

【要点4】企业所得税应纳税所得额的计算（掌握）

应纳税所得额 = 收入总额 – 不征税收入 – 免税收入 – 各项扣除 – 以前年度亏损

　　企业应纳税所得额的计算，以权责发生制为原则。在计算应纳税所得额时，企业财务、会计处理办法与税收法律法规的规定不一致的，应当依照税收法律法规的规定计算。

学习心得

【要点5】收入的分类与确认（掌握）

收入类型	具体规定		
销售货物收入	普通销售方式下，收入实现时间确认	托收承付方式	办妥托收手续时确认收入
		预收款方式	发出商品时确认收入
		销售需要安装和检验的商品	购买方接受商品以及安装和检验完毕时确认收入；如果安装程序简单，可在发出商品时确认收入
		支付手续费委托代销方式销售	收到代销清单时确认收入
	售后回购方式销售商品		销售的商品按售价确认收入，回购的商品作为购进商品处理
	以旧换新方式销售商品		销售商品应按照销售商品收入确认条件确认收入，回购的商品作为购进商品处理

收入类型		具体规定
销售货物收入	商业折扣	扣除商业折扣后的金额确认销售商品收入金额
	现金折扣	扣除现金折扣前的金额确认销售商品收入金额，现金折扣在实际发生时作为财务费用扣除
	销售折让、销售退回	发生折让，退回当期冲减当期销售商品收入
提供劳务收入		各个纳税期末，提供劳务交易的结果能够可靠估计的，采用完工进度百分比法确认提供劳务收入
转让财产收入		按照从财产受让方已收或应收的合同或协议价款确认收入
股息、红利等权益性投资收益		按被投资方作出利润分配决定的日期确认收入的实现

续表

收入类型	具体规定
利息收入	按合同约定的债务人应付利息的日期确认收入的实现
租金收入	按合同约定的承租人应付租金的日期确认收入的实现
特许权使用费收入	按合同约定的特许权使用人应付特许权使用费的日期确认收入的实现
接受捐赠收入	按照实际收到捐赠资产的日期确认收入的实现

【要点6】企业所得税不征税收入与免税收入（掌握）

不征税收入	免税收入
1. 财政拨款。 2. 依法收取并纳入财政管理的行政事业性收费、政府性基金。 3. 国务院规定的其他不征税收入	1. 国债利息收入。 2. 符合条件的居民企业之间的股息、红利收入*。 3. 在中国境内设立机构场所的非居民企业从居民企业取得的与该机构场所有实际联系的股息、红利所得*。 4. 符合条件的非营利组织收入

注：*表示不包括连续持有居民企业公开发行并上市流通的股票不足 12 个月取得的投资收益。

【要点7】工资及三项经费税前扣除标准（掌握）

项目		扣除标准
工资、薪金支出		发生的合理的工资、薪金支出，准予扣除
三项经费	职工福利费	不超过工资、薪金总额的14%，超过部分不得扣除
	工会经费	不超过工资、薪金总额的2%，超过部分不得扣除
	职工教育经费	不超过工资、薪金总额的8%，超过部分准予在以后纳税年度扣除

提示　三项经费分别计算扣除限额，不能合并计算。

【要点8】社会保险费税前扣除标准（掌握）

保险类型	扣除规定
"四险一金"	准予扣除
补充养老保险、补充医疗保险	分别不超过工资总额的5%标准内的部分准予扣除，超过部分不准扣除

 【要点9】利息费用税前扣除标准（掌握）

出借方	扣除标准
金融企业	据实扣除
非金融企业	不超过按照金融企业同期同类贷款利率计算部分可据实扣除，超过部分不可扣除

【要点10】公益性捐赠税前扣除标准（掌握）

前提	扣除标准	超标规定	其他
通过公益性社会组织或者县级以上人民政府及其部门，用于慈善活动、公益事业的捐赠	不超过年度利润总额12%的部分可以据实扣除	超过部分准予结转以后三年内在计算应纳税所得额时扣除	企业在对公益性捐赠支出计算扣除时，应先扣除以前年度结转的捐赠支出，再扣除当年发生的捐赠支出

提示

（1）2019年1月1日至2025年12月31日，符合规定的扶贫捐赠支出，准予在计算企业所得税应纳税所得额时据实扣除。同时发生扶贫捐赠支出和其他公益性捐赠支出，在计算公益性捐赠支出年度扣除限额时，符合条件的扶贫捐赠支出不计算在内。

（2）自2021年1月1日起，企业或个人通过公益性群众团体用于符合法律规定的公益慈善事业捐赠支出，准予按税法规定在计算应纳税所得额时扣除。

【要点 11】业务招待费税前扣除标准（掌握）

发生时期	扣除标准
生产经营活动	业务招待费发生额的 60%，但不能超过当年销售收入的 5‰
筹建期间	按实际发生额的 60% 计入筹办费，税前扣除

【要点 12】广告费和业务宣传费税前扣除标准（掌握）

发生时期	扣除标准
生产经营活动	不超过销售收入 15% 的部分准予扣除，超过部分准予在以后纳税年度扣除
筹建期间	按实际发生额计入筹办费，税前扣除

【要点 13】亏损弥补（掌握）

序号	规定
1	亏损是指企业将每一纳税年度的收入总额减除不征税收入、免税收入和各项扣除后小于零的数额
2	企业某一年度发生的亏损可以用下一年度的所得弥补，下一年度的所得不足以弥补的，可以逐年（先亏损先弥补）延续弥补，但最长不能超过 5 年
3	自 2018 年 1 月 1 日起，当年具备高新技术企业或科技型中小企业资格的企业，其具备资格年度之前 5 个年度发生的尚未弥补完的亏损，准予结转以后年度弥补，最长结转年限由 5 年延长至 10 年
4	企业在汇总计算缴纳所得税时，境外营业机构的亏损不得抵减境内营业机构的盈利

【要点14】固定资产计税基础（熟悉）

取得方式	计税基础的确定	
外购	购买价款 + 支付的相关税费 + 直接归属于使该固定资产达到预定用途发生的其他支出	
自行建造	竣工结算以前发生的支出	
融资租入	租赁合同约定付款总额的	租赁合同约定的付款总额 + 承租人在签订租赁合同过程中发生的相关费用
	租赁合同未约定付款总额的	该资产的公允价值 + 承租人在签订租赁合同过程中发生的相关费用
盘盈	同类固定资产的重置完全价值	
捐赠、投资、非货币性资产交换、债务重组等方式取得的固定资产	该资产的公允价值 + 支付的相关税费	
改建	以改建支出增加计税基础	

【要点 15】 固定资产折旧方式（熟悉）

项　　目	内　　容
当月投入使用	次月计提折旧
当月停止使用	当月计提折旧，次月停止计提折旧
预计净残值	一经确定，不得变更

【要点 16】 固定资产最低折旧年限（熟悉）

1. 房屋、建筑物：20 年；

2. 飞机、火车、轮船、机器、机械和其他生产设备：10 年；

3. 与生产经营活动有关的器具、工具、家具等：5 年；

4. 飞机、火车、轮船以外的运输工具：4 年；

5. 电子设备：3 年。

【要点17】生产性生物资产的税务处理（熟悉）

项目	规定	
范围	包括经济林、薪炭林、产畜和役畜等	
最低折旧年限	林木类	10 年
	畜类	3 年
折旧方法	按照直线法计算的折旧，准予扣除。当月投入使用的生产性生物资产次月计提折旧；停止使用的生产性生物资产，应当自停止使用月份的次月起停止计提折旧	

学习心得 --

【要点18】无形资产的税务处理（熟悉）

取得方式	计税基础的确定
外购	购买价款 + 支付的相关税费 + 直接归属于使该资产达到预定用途发生的其他支出
自行开发	开发过程中该资产符合资本化条件后至达到预定用途前发生的支出
捐赠、投资、非货币性资产交换、债务重组等方式取得的	资产的公允价值 + 相关税费

 提示

不得计算摊销费用扣除的无形资产：

（1）自行开发的支出已在计算应纳税所得额时扣除的无形资产；

（2）自创商誉；

（3）与经营活动无关的无形资产；

（4）其他不得计算摊销费用扣除的无形资产。

【要点 19】长期待摊费用的税务处理（熟悉）

类型	摊销规定
已足额提取折旧的固定资产的改建支出	按照固定资产预计尚可使用年限分期摊销
租入固定资产的改建支出（指改变房屋或者建筑物结构，延长使用年限等发生的支出）	按照合同约定的剩余租赁期限分期摊销
固定资产的大修理支出（同时符合：修理支出达到取得固定资产时的计税基础 50% 以上；修理后固定资产的使用年限延长 2 年以上）	按照固定资产尚可使用年限分期摊销
其他长期待摊费用	自发生月份次月起分期摊销，摊销年限不得低于 3 年

【要点 20】投资资产的税务处理（熟悉）

1. 取得时确认成本：
(1) 支付现金取得的以"购买价款"为成本；
(2) 通过支付现金以外方式取得的，以"公允价值 + 相关税费"为成本。
2. 对外投资期间：不得扣除成本。
3. 转让或处置时：准予扣除成本。

【要点 21】企业所得税应纳税额的计算（掌握）

$$应纳税额 = 应纳税所得额 \times 适用税率 - 减免税额 - 抵免税额$$

提示　自 2017 年 1 月 1 日起，企业可以选择按"分国不分项"或者按"不分国不分项"计算其来源于境外的应纳税所得额，按照规定的税率，分别计算其可抵免境外所得税税额和抵免限额。上述方式一经选择，5 年内不得改变。

【要点 22】企业所得税税收优惠（熟悉）

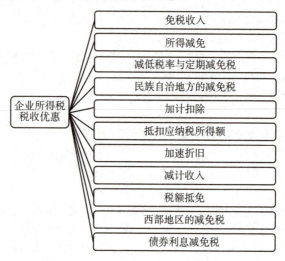

企业所得税税收优惠
- 免税收入
- 所得减免
- 减低税率与定期减免税
- 民族自治地方的减免税
- 加计扣除
- 抵扣应纳税所得额
- 加速折旧
- 减计收入
- 税额抵免
- 西部地区的减免税
- 债券利息减免税

【要点23】所得减免（熟悉）

类型	内容
免税	1. 蔬菜、谷物、薯类、油料、豆类、棉花、麻类、糖料、水果、坚果的种植； 2. 农作物新品种的选育； 3. 中药材的种植； 4. 林木的培育和种植； 5. 牲畜、家禽的饲养； 6. 林产品的采集； 7. 灌溉、农产品初加工、兽医、农技推广、农机作业和维修等农、林、牧、渔服务业项目； 8. 远洋捕捞
减半征收	1. 花卉、茶以及其他饮料作物和香料作物的种植； 2. 海水养殖、内陆养殖

续表

类型	内　　容
三免三减半	1. 企业从事国家重点扶持的公共基础设施项目的投资经营的所得，自项目取得第一笔生产经营收入所属纳税年度起，第 1 年至第 3 年免征，第 4 年至第 6 年减半征收。企业承包经营、承包建设和内部自建自用上述项目不免税。 2. 企业从事环境保护、节能节水项目的所得，自项目取得第一笔生产经营收入所属纳税年度起，第 1 年至第 3 年免征，第 4 年至第 6 年减半征收
符合条件的技术转让所得	居民企业技术转让所得不超过 500 万元的部分，免征企业所得税；超过 500 万元的部分，减半征收企业所得税

【要点24】 减低税率与定期减免税（熟悉）

类型	税收优惠
小型微利企业	对小型微利企业减按25%计算应纳税所得额，按20%的税率缴纳企业所得税。该政策延续执行至2027年12月31日
高新技术企业	国家需要重点扶持的高新技术企业，减按15%的税率征收企业所得税
技术先进型服务企业	对经认定的技术先进型服务企业（服务贸易类），减按15%的税率征收企业所得税
从事污染防治的第三方企业	自2024年1月1日起至2027年12月31日止，对符合条件的从事污染防治的第三方企业减按15%的税率征收企业所得税

类型	集成电路线宽	经营期	政策
集成电路生产企业或项目	小于28纳米（含）	15年以上	1~10年免征
	小于65纳米（含）	15年以上	1~5年免征，6~10年按25%的税率减半征收
	小于130纳米（含）	10年以上	1~2年免征，3~5年按25%的税率减半征收

续表

类型	税收优惠
集成电路相关企业和软件企业	第 1～2 年免征，第 3～5 年减半征收
转制的经营性文化事业单位	经营性文化事业单位转制为企业，自转制注册之日起 5 年内免征企业所得税。经营性文化事业单位是指从事新闻出版、广播影视和文化艺术的事业单位。转制包括整体转制和剥离转制。该税收政策执行至 2027 年 12 月 31 日。企业在 2027 年 12 月 31 日享受该税收政策不满 5 年的，可继续享受至 5 年期满为止
生产和装配伤残人员专用品企业	2021 年 1 月 1 日至 2027 年 12 月 31 日期间免征

【要点 25】 加计扣除（熟悉）

类型	规定
研究开发费用	1. 企业开展研发活动中实际发生的研发费用，未形成无形资产计入当期损益的，在按规定据实扣除的基础上，自 2023 年 1 月 1 日起，再按照实际发生额的 100% 在税前加计扣除；形成无形资产的，自 2023 年 1 月 1 日起，按照无形资产成本的 200% 在税前摊销。 2. 符合条件的集成电路企业和工业母机企业开展研发活动中实际发生的研发费用，未形成无形资产计入当期损益的，在按规定据实扣除的基础上，在 2023 年 1 月 1 日至 2027 年 12 月 31 日期间，再按照实际发生额的 120% 在税前扣除；形成无形资产的，在上述期间按照无形资产成本的 220% 在税前摊销
安置残疾人及国家鼓励安置的其他就业人员所支付的工资	在据实扣除的基础上，按照支付给残疾职工工资的 100% 加计扣除

续表

类型	规定
出资给非营利单位用于基础研究的支出	2022 年 1 月 1 日起，对企业出资给非营利性科学技术研究开发机构、高等学校和政府性自然科学基金用于基础研究的支出，在计算应纳税所得额时可按实际发生额在税前扣除，并可按100% 在税前加计扣除

【**要点26**】 抵扣应纳税所得额（熟悉）

1. 情形。

	采取股权投资方式投资，并满2年

创业投资企业 ——————→ 未上市的中小高新技术企业

公司制创业投资企业 ——————→ 种子期、初创期科技型企业

有限合伙制创业投资企业 ——————→ 初创科技型企业

有限合伙制创业投资企业 ——————→ 未上市的中小高新技术企业

2. 抵扣政策。

按投资额的70%抵扣应纳税所得额；当年不足抵扣的，可以在以后纳税年度结转抵扣。

【要点27】加速折旧和设备、器具一次性税前扣除（熟悉）

优惠范围	政策
1. 技术进步、产品更新换代较快； 2. 常年处于强震动、高腐蚀状态	缩短折旧年限（≥60%）或者采用加速折旧计算方法
企业在2018年1月1日至2027年12月31日期间新购进（包括自行建造）的设备、器具，单位价值不超过500万元的	允许一次性扣除

提示　自2019年1月1日起，适用固定资产加速折旧优惠相关规定的行业范围，扩大至全部制造业领域。

高新技术企业在2022年10月1日至2022年12月31日期间新购置的设备、器具，允许当年一次性全额在计算应纳税所得额时扣除，并允许在税前实行100%加计扣除。

【要点28】减计收入（熟悉）

分类	规定
资源综合利用	减按90%计入收入总额
养老、托育、家政	减按90%计入收入总额
金融机构农户小额贷款的利息收入（2027年12月31日前）	按90%计入收入总额
保险公司为种植业、养殖业提供保险业务取得的保费收入（2027年12月31日前）	按90%计入收入总额
经省级地方金融监督管理部门批准成立的小额贷款公司取得的农户小额贷款利息收入（2027年12月31日前）	按90%计入收入总额

【要点 29】税额抵免（熟悉）

分类	规定
企业购置并实际使用规定的环境保护、节能节水、安全生产等专用设备	该专用设备的投资额的 **10%** 可以从企业当年的应纳税额中抵免；当年不足抵免的，可以在以后 **5 个纳税年度**结转抵免
企业发生的专用设备数字化、智能化改造投入（2024 年 1 月 1 日至 2027 年 12 月 31 日）	**不超过**该专用设备购置时原计税基础 **50%** 的部分，可按照 **10%** 比例抵免企业当年应纳税额。企业当年应纳税额不足抵免的，可以向以后年度结转，但结转年限最长不得超过**五年**

【要点30】债券利息减免税（熟悉）

序号	规定
1	对企业取得的 2012 年及以后年度发行的地方政府债券利息收入，免征企业所得税
2	自 2021 年 11 月 7 日至 2025 年 12 月 31 日，对境外机构投资境内债券市场取得的债券利息收入暂免征收企业所得税。暂免征收企业所得税的范围不包括境外机构在境内设立的机构、场所取得的与该机构、场所有实际联系的债券利息
3	对企业投资者持有 2019～2027 年发行的铁路债券取得的利息收入，减半征收企业所得税。铁路债券是指以国家铁路集团有限公司为发行和偿还主体的债券，包括中国铁路建设债券、中期票据、短期融资券等债务融资工具

【要点 31】企业所得税纳税地点（熟悉）

分类		纳税地点
居民企业	一般规定	企业登记注册地
	登记注册地在境外	实际管理机构所在地
非居民企业	在中国境内设立机构、场所	机构、场所所在地
	在中国境内设立 2 个或者 2 个以上机构、场所的	选择由其主要机构、场所汇总纳税
	在中国境内未设立机构、场所	扣缴义务人所在地
	在中国境内设立机构、场所但取得的所得与其所设机构、场所没有实际联系	扣缴义务人所在地

【要点32】企业所得税按年计征、分期预缴、汇算清缴期限、纳税申报（熟悉）

项目	内　容	
按年计征	纳税年度自公历1月1日起至12月31日止	
	企业在一个纳税年度中间开业，或者终止经营活动，使该纳税年度的实际经营期不足12个月的，应当以其实际经营期为1个纳税年度	
	企业依法清算时，应当以清算期间作为1个纳税年度	
分期预缴	分月或者分季预缴，年终汇算清缴，多退少补	
汇算清缴期限	一般规定	自年度终了之日起5个月内
	企业在年度中间终止经营活动	自实际经营终止之日起60日内
纳税申报	按月或按季预缴的，应当自月份或者季度终了之日起15日内，进行纳税申报	
	企业在纳税年度内无论盈利或者亏损，都应当依照规定期限进行纳税申报	

【要点 33】个人所得税纳税人（掌握）

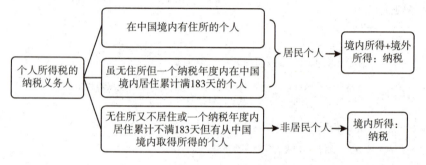

【要点34】个人所得税所得来源的确定（掌握）

来源	规定
来源于中国境内所得	除国务院财政、税务主管部门另有规定外，下列所得，不论支付地点是否在中国境内，均为来源于中国境内的所得： 1. 因任职、受雇、履约等在中国境内提供劳务取得的所得； 2. 将财产出租给承租人在中国境内使用而取得的所得； 3. 许可各种特许权在中国境内使用而取得的所得； 4. 转让中国境内的不动产等财产或者在中国境内转让其他财产取得的所得； 5. 从中国境内企业、事业单位、其他组织以及居民个人取得的利息、股息、红利所得
来源于中国境外所得	1. 因任职、受雇、履约等在中国境外提供劳务取得的所得。 2. 中国境外企业以及其他组织支付且负担的稿酬所得。 3. 许可各种特许权在中国境外使用而取得的所得。 4. 在中国境外从事生产、经营活动而取得的与生产、经营活动相关的所得。 5. 从中国境外企业、其他组织以及非居民个人取得的利息、股息、红利所得。 6. 将财产出租给承租人在中国境外使用而取得的所得。

续表

来源	规定
来源于中国境外所得	7. 转让中国境外的不动产、转让对中国境外企业以及其他组织投资形成的股票、股权以及其他权益性资产（以下简称"权益性资产"）或者在中国境外转让其他财产取得的所得。但转让对中国境外企业以及其他组织投资形成的权益性资产，该权益性资产被转让前 3 年（连续 36 个公历月份）内的任一时间，被投资企业或其他组织的资产公允价值 50% 以上直接或间接来自位于中国境内的不动产的，取得的所得为来源于中国境内的所得。 8. 中国境外企业、其他组织以及非居民个人支付且负担的偶然所得。 9. 财政部、税务总局另有规定的，按照相关规定执行

学习心得

【要点35】个人所得税税目（掌握）

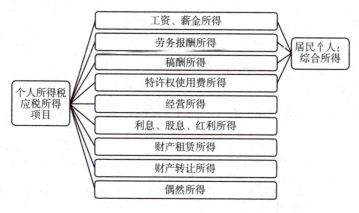

【要点 36】居民个人综合所得（掌握）

项目	具体内容
计税方法	按年合并计算
税率	3% ~45% 七级超额累进税率
计算公式	（每一纳税年度的收入额 – 费用 6 万元 – 专项扣除 – 专项附加扣除 – 依法确定的其他扣除）×适用税率 – 速算扣除数 – 符合条件的公益慈善事业捐赠
说明	1. 专项附加扣除包括子女教育、继续教育、大病医疗、住房贷款利息、住房租金、赡养老人六项； 2. 劳务报酬所得、稿酬所得、特许权使用费所得以收入减除 20% 的费用后的余额为收入额。稿酬所得的收入额减按 70% 计算

【要点37】扣缴义务人对居民综合所得预扣预缴个人所得税（熟悉）

收入类型	计算方法	公式	预扣率
工资、薪金所得	扣缴义务人向居民个人支付工资、薪金所得时，应当按照累计预扣法计算预扣税款，并按月办理全员全额扣缴申报	本期应预扣预缴税额＝（累计预扣预缴应纳税所得额×预扣率－速算扣除数）－累计减免税额－累计已预扣预缴税额 累计预扣预缴应纳税所得额＝累计收入－累计免税收入－累计减除费用－累计专项扣除－累计专项附加扣除－累计依法确定的其他扣除 其中：累计减除费用，按照5 000元/月乘以纳税人当年截至本月在本单位的任职受雇月份数计算	3%～45%

收入类型	计算方法	公式	预扣率
劳务报酬所得	1. 劳务报酬所得、稿酬所得、特许权使用费所得以收入减除费用后的余额为收入额。其中，稿酬所得的收入额减按70%计算。	劳务报酬所得应预扣预缴税额＝预扣预缴应纳税所得额×预扣率－速算扣除数	20%～40%
稿酬所得	2. 减除费用：劳务报酬所得、稿酬所得、特许权使用费所得每次收入不超过4 000元的，减除费用按800元计算；每次收入4 000元以上的，减除费用按20%计算。	稿酬所得、特许权使用费所得应预扣预缴税额＝预扣预缴应纳税所得额×20%	20%
特许权使用费所得	3. 应纳税所得额：劳务报酬所得、稿酬所得、特许权使用费所得，以每次收入额为预扣预缴应纳税所得额		

【要点38】个人所得税专项附加扣除规定（掌握）

项目	扣除条件		标准扣除额	相关要求
子女教育	学前教育	年满3岁	2 000元/月	父母分别扣除50%或者一方全部扣除
	义务教育	小学、初中		
	高中教育	普通高中、中等职业教育、技工教育		
	高等教育	大学专科、大学本科、硕士研究生、博士研究生		
继续教育	学历（学位）继续教育	教育期间	400元/月	同一教育扣除期限不能超过48个月
	职业继续教育	取得资格证书当年	3 600元（当年）	留证备查
大病医疗	个人负担超过15 000元的部分		80 000元内据实扣除	纳税人费用→本人或配偶扣除；未成年子女费用→父母一方扣除

续表

项目	扣除条件	标准扣除额		相关要求
房贷利息	首套房贷利息	1 000 元/月		扣除期限最长不超过240个月；夫妻可选择一方扣除；非首套不得扣除；纳税人只能享受一次首套住房贷款利息扣除
住房租金	主要工作城市无房租房的	（1）直辖市、省会（首府）城市、计划单列市以及国务院确定的其他城市	1 500 元/月	夫妻同城则只能由一方扣除
		（2）除（1）外的城市（人口超过100万）	1 100 元/月	
		（3）除（1）外的城市（人口不超过100万）	800 元/月	

续表

项目	扣除条件	标准扣除额		相关要求
赡养老人	60岁（含）以上父母及子女均已去世的年满60岁的祖父母、外祖父母	独生子女	3 000元/月	
		非独生子女	分摊3 000元/月	每人分摊不得超过1 500元/月
3岁以下婴幼儿照护	3岁以下婴幼儿子女	每个婴幼儿每月2 000元		可一方按标准的100%扣除，也可双方分别按标准的50%扣除

【要点 39】非居民个人取得工资、薪金所得，劳务报酬所得，稿酬所得，特许权使用费所得（掌握）

计税方法	税率	应纳税所得额	
按月或按次分项计算	七级超额累进税率	工资、薪金	每月收入额减除费用 5 000 元
		劳务报酬、特许权使用费	每次收入额 = 收入 × (1 − 20%)
		稿酬	每次收入额 = 收入 × (1 − 20%) × 70%

提示　非居民个人取得的劳务报酬所得、稿酬所得、特许权使用费所得，属于一次性收入的，以取得该项收入为一次；属于同一项目连续性收入的，以一个月内取得的收入为一次。

【要点40】经营所得（掌握）

项目	具体内容	
征税范围	1. 个体工商户从事生产、经营活动取得的所得，个人独资企业投资人、合伙企业的个人合伙人来源于境内注册的个人独资企业、合伙企业生产、经营的所得； 2. 个人依法从事办学、医疗、咨询以及其他有偿服务活动取得的所得； 3. 个人对企业、事业单位承包经营、承租经营以及转包、转租取得的所得； 4. 个人从事其他生产、经营活动取得的所得	
计税方法	按年计算	
税率	5%～35%的超额累进税率	
应纳税所得额	个体工商户的生产、经营所得	全年收入总额－成本－费用－税金－损失－其他支出－允许弥补的以前年度亏损后的余额

【要点41】财产租赁所得个人所得税计算（掌握）

计税方法	税率	计税依据	计税公式
按次计税以一个月内取得的收入为一次	20%；个人出租居住用房，按10%的税率计算个人所得税	每次收入不超过4 000元时，应纳税所得额=收入－财产租赁中发生的税费－租赁过程中的修缮费（800元为限）－800	应纳税额=［每次收入额－财产租赁过程中发生的税费－修缮费（800元为限）－800］×适用税率
		每次收入超过4 000元时，应纳税所得额=［收入－财产租赁中发生的税费－租赁过程中的修缮费（800元为限）］×（1－20%）	应纳税额=［每次收入额－财产租赁过程中发生的税费－修缮费（800元为限）］×（1－20%）×适用税率

【要点42】财产转让所得个人所得税计算（掌握）

计税方法	税率	计税依据	计税公式
按次计税	20%	一般情况：应纳税所得额＝收入总额－财产原值－合理费用 合理费用指与转让财产相关的费用	应纳税额＝（收入总额－财产原值－合理费用）×20%
		销售无偿受赠不动产： 应纳税所得额可以扣除原捐赠人取得该房屋的实际购置成本以及赠与和转让过程中受赠人支付的相关税费	应纳税额＝应纳税所得额×20%

 提示

相关税收优惠政策：

（1）股票转让所得暂不征收个人所得税（股票转让所得≠股息、红利所得）。

（2）个人转让自用达5年以上，并且是唯一的家庭生活用房取得的所得，暂免征收个人所得税。

【要点 43】利息、股息、红利所得，偶然所得个人所得税计算（掌握）

计税方法	税率	计税依据	计税公式
按次计税 以每次收入为一次	20%	以每次收入额为应纳税所得额，不扣减任何费用	应纳税额＝每次收入 × 20%

相关税收优惠政策：

（1）个人购买福利彩票、体育彩票，一次中奖收入 1 万元以下的（含 1 万元）暂免征收个人所得税；超过 1 万元的，全额征收个人所得税。

（2）个人取得单张有奖发票奖金所得不超过 800 元（含 800 元）的，暂免征收个人所得税。

【要点 44】公益捐赠支出的扣除（掌握）

序号	规定
1	个人将其所得对教育、扶贫、济困等公益慈善事业进行捐赠，捐赠额未超过纳税人申报的应纳税所得额 30% 的部分，可以从其应纳税所得额中扣除
2	捐赠额可以全额扣除（通过非营利性的社会团体和国家机关）： （1）向红十字事业的捐赠； （2）向教育事业、农村义务教育的捐赠； （3）对公益性青少年活动场所的捐赠； （4）向福利性、非营利性老年服务机构的捐赠
3	通过宋庆龄基金会等 6 家单位，中国医药卫生事业发展基金会、中国教育发展基金会、中国老龄事业发展基金会等 8 家单位，中华快车基金会等 5 家单位用于公益性救济性的捐赠，符合相关条件的，准予税前全额扣除

【要点45】应纳税额计算的其他规定（掌握）

分类	规定	
个人取得全年一次性奖金	可选择单独计算纳税或并入综合所得	
个人领取企业年金、职业年金	不并入综合所得，全额单独计算应纳税款	
解除劳动关系一次性补偿收入	在当地上年职工平均工资3倍数额以内的部分	免征
	超过3倍数额的部分	不并入当年综合所得，单独适用综合所得税率表，计算纳税
提前退休一次性补贴收入	按照办理提前退休手续至法定离休年龄之间实际年度数平均分摊，确定适用税率和速算扣除数，单独适用综合所得税率表，计算纳税	

续表

分类	规定
内部退养一次性收入	按"工资、薪金所得"项目计税
单位低价向职工售房	差价部分，符合相关规定的，不并入当年综合所得，以差价收入除以12个月得到的数额，按照月度税率表确定适用税率和速算扣除数，单独计算纳税
个人取得公务交通、通讯补贴收入	扣除一定标准的公务费用后，按照"工资、薪金所得"项目计税
退休人员再任职取得收入	减除按个人所得税法规定的费用扣除标准后，按"工资、薪金所得"应税项目纳税
离退休人员从原任职单位取得各类补贴、奖金、实物	减除费用扣除标准后，按"工资、薪金所得"应税项目纳税

续表

分类	规定
基本养老保险费、基本医疗保险费、失业保险费、住房公积金（三险一金）	超标缴付的，超过部分并入个人当期的工资、薪金收入，计征个人所得税
企业为员工支付保险金	免税之外的保险金，按"工资、薪金所得"项目计征个人所得税
兼职律师从律师事务所取得工资、薪金性质所得	以收入全额（取得分成收入的为扣除办理案件支出费用后的余额）直接确定适用税率，计算扣缴个人所得税
从职务科技成果转化收入中给予科技人员的现金奖励	减按50%计入科技人员当月工资、薪金所得，依法纳税
保险营销员、证券经纪人佣金收入	属于"劳务报酬所得"，以不含增值税的收入减除20%的费用后的余额为收入额，收入额减去展业成本以及附加税费后，并入当年综合所得

续表

分类	规定	
个人投资者将企业原盈余积累转增股本	新股东以不低于净资产价格收购股权	不征税
	新股东以低于净资产价格收购股权	新股东取得盈余积累转增股本的部分，不征收个人所得税；对于股权收购价格低于原所有者权益的差额部分未计入股权交易价格，新股东取得盈余积累转增股本的部分，应按照"利息、股息、红利所得"项目征收个人所得税
	新股东以低于净资产价格收购企业股权后转增股本	先转增应税的盈余积累部分，然后再转增免税的盈余积累部分

续表

分类		规定
个人取得上市公司股息红利所得	个人从公开发行和转让市场取得的上市公司股票	持股期限在1个月以内（含1个月）的，其股息红利所得全额计入应纳税所得额；持股期限在1个月以上至1年（含1年）的，暂减按50%计入应纳税所得额；上述所得统一适用20%的税率计征个人所得税
	个人持有的上市公司限售股，解禁后取得的股息红利	按照上市公司股息红利差别化个人所得税政策规定计算纳税，持股时间自解禁日起计算；解禁前取得的股息红利继续暂减按50%计入应纳税所得额，适用20%的税率计征个人所得税
房屋买受人按照约定退房取得补偿款		按照"利息、股息、红利所得"项目缴纳个人所得税

续表

分类	规定	
个人转让限售股	按照"**财产转让所得**"项目征收个人所得税	
两人以上共同取得同一项目收入	对每个人取得的收入分别按照规定计算纳税	
居民个人从境外取得所得	综合所得、经营所得	分别合并计算应纳税额
	其他所得	分别单独计算应纳税额
	可以从其应纳税额中抵免已在境外缴纳的个人所得税税额，但抵免不得超过该纳税人境外所得依照个人所得税法规定计算的应纳税额	
出租车驾驶员收入	单车承包或承租	按"**工资、薪金所得**"项目征税

续表

分类		规定
出租车驾驶员收入	出租车属于个人所有,但挂靠出租汽车经营单位或企事业单位,或出租汽车经营单位将出租车所有权转移给驾驶员的	比照"经营所得"项目征税
	个体出租车运营	按"经营所得"项目纳税
企业改组改制过程中个人取得量化资产	以股份形式取得,仅作为分红依据,不拥有所有权	不征收
	以股份形式取得的拥有所有权	暂缓征收
		待个人将股份转让时,按"财产转让所得"项目计征个人所得税

续表

分类		规定
企业改组改制过程中个人取得量化资产	以股份形式取得的企业量化资产参与企业分配而获得的股息、红利	按"利息、股息、红利所得"项目征收个人所得税
企业为个人购房或其他财产	依法计征个人所得税	
个人合伙人来源于创投企业的所得	创投企业选择按单一投资基金核算	个人合伙人从该基金应分得的股权转让所得和股息红利所得,按照20%税率计算缴纳个人所得税
	创投企业选择按年度所得整体核算	个人合伙人应从创投企业取得的所得,按照"经营所得"项目、5%～35%的超额累进税率计算缴纳个人所得税

分类	规定
居民个人取得股票期权、股票增值权、限制性股票、股权奖励等股权激励	符合相关条件规定的，不并入当年综合所得，全额单独适用综合所得税率表，计算纳税

🕐 学习心得

【要点46】个人所得税税收优惠——免税项目与减税项目（了解）

优惠方式	具体规定
免税项目	1. 省级人民政府、国务院部委和中国人民解放军军以上单位，以及外国组织、国际组织颁发的科学、教育、技术、文化、卫生、体育、环境保护等方面的奖金。 2. 国债和国家发行的金融债券利息。 3. 按照国家统一规定发给的补贴、津贴。 4. 福利费、抚恤金、救济金。 5. 保险赔款。 6. 军人的转业费、复员费、退役金。 7. 按照国家统一规定发给干部、职工的安家费、退职费、基本养老金或者退休费、离休费、离休生活补助费。 8. 依照有关法律规定应予免税的各国驻华使馆、领事馆的外交代表、领事官员和其他人员的所得。 9. 中国政府参加的国际公约、签订的协议中规定免税的所得。 10. 国务院规定的其他免税所得。该项免税规定，由国务院报全国人民代表大会常务委员会备案

续表

优惠方式	具体规定
减税 项目	1. 残疾、孤老人员和烈属的所得； 2. 因自然灾害造成重大损失的。 国务院可以规定其他减税情形，报全国人民代表大会常务委员会备案

⏱ 学习心得 --

【要点 47】个人所得税税收优惠——其他税收优惠项目（了解）

序号	规定
1	外籍个人 （1）以非现金形式或实报实销形式取得的住房补贴、伙食补贴、搬迁费、洗衣费； （2）按合理标准取得的境内、境外出差补贴； （3）取得的探亲费、语言训练费、子女教育费等，经当地税务机关审核批准为合理的部分； （4）从外商投资企业取得的股息、红利所得。 2027 年 12 月 31 日前，外籍个人符合居民个人条件的，可以选择享受个人所得税专项附加扣除，也可以选择按照相关规定，享受住房补贴、语言训练费、子女教育费等津补贴免税优惠政策，但不得同时享受。外籍个人一经选择，在一个纳税年度内不得变更
2	符合条件的外籍专家取得的工资、薪金所得

续表

序号	规定
3	对个人在上海证券交易所、深圳证券交易所转让从上市公司公开发行和转让市场取得的上市公司股票所得，继续免征个人所得税，自 2018 年 11 月 1 日（含）起，对个人转让全国中小企业股份转让系统（新三板）挂牌公司非原始股取得的所得，暂免征收个人所得税
4	个人举报、协查各种违法、犯罪行为而获得的奖金
5	个人办理代扣代缴手续，按规定取得的扣缴手续费
6	个人转让自用达 5 年以上，并且是唯一的家庭生活用房取得的所得
7	对个人购买福利彩票、体育彩票，一次中奖收入在 1 万元以下的
8	个人取得单张有奖发票奖金所得不超过 800 元（含 800 元）的
9	适当延长离、退休年龄的高级专家（指享受国家发放的政府特殊津贴的专家、学者），其在延长离、退休期间的工资、薪金所得

续表

序号	规定
10	个人领取原提存的住房公积金、基本医疗保险金、基本养老保险金，以及失业保险金
11	工伤职工及其近亲属的工伤保险待遇
12	企事业单位按照规定的缴费比例或办法实际缴付的基本养老保险费、基本医疗保险费和失业保险费，免征个人所得税；个人按照规定的缴费比例或办法实际缴付的基本养老保险费、基本医疗保险费和失业保险费，允许在个人应纳税所得额中扣除
13	企业和事业单位根据国家有关政策规定的办法和标准，为在本单位任职或者受雇的全体职工缴付的企业年金或职业年金单位缴费部分，在计入个人账户时，个人暂不缴纳个人所得税。个人根据国家有关政策规定缴付的年金个人缴费部分，在不超过本人缴费工资计税基数的4%标准内的部分，暂从个人当期的应纳税所得额中扣除；年金基金投资运营收益分配计入个人账户时，个人暂不缴纳个人所得税
14	企业依照国家有关法律规定宣告破产，企业职工从该破产企业取得的一次性安置费收入，免征个人所得税

序号	规定
15	储蓄存款利息所得
16	持股期限超过1年的，股息红利所得
17	自2024年7月1日起至2027年12月31日止，个人持有全国中小企业股份转让系统挂牌公司的股票，持股期限超过1年的，对股息红利所得暂免征收个人所得税
18	对被拆迁人按照国家有关城镇房屋拆迁管理办法规定的标准取得的拆迁补偿款，免征个人所得税
19	符合条件的房屋产权无偿赠与
20	个体工商户、个人独资企业和合伙企业或个人从事种植业、养殖业、饲养业、捕捞业取得的所得
21	企业在销售商品（产品）和提供服务过程中向个人赠送礼品符合条件的情形

续表

序号	规定
22	自 2022 年 1 月 1 日起，对法律援助人员按照《中华人民共和国法律援助法》规定获得的法律援助补贴，免征个人所得税
23	自 2022 年 10 月 1 日至 2023 年 12 月 31 日，对出售自有住房并在现住房出售后 1 年内在市场重新购买住房的纳税人，对其出售现住房已缴纳的个人所得税予以退税优惠。其中，新购住房金额大于或等于现住房转让金额的，全部退还已缴纳的个人所得税；新购住房金额小于现住房转让金额的，按新购住房金额占现住房转让金额的比例退出售现住房已缴纳的个人所得税。现住房转让金额为该房屋转让的市场成交价格
24	自 2022 年 1 月 1 日起在个人养老金先行城市对个人养老金实施递延纳税优惠政策：在缴费环节，个人向个人养老金资金账户的缴费，按照 12 000 元/年 的限额标准，在综合所得或经营所得中据实扣除；在投资环节，计入个人养老金资金账户的投资收益暂不征收个人所得税；在领取环节，个人领取的个人养老金，不并入综合所得，单独按照 3% 的税率计算缴纳个人所得税，其缴纳的税款计入 "工资、薪金所得" 项目

续表

序号	规定
25	对个人投资者持有 2024～2027 年发行的铁路债券取得的利息收入，减按 50% 计入应纳税所得额计算征收个人所得税
26	2027 年 12 月 31 日前，对内地个人投资者通过沪港通、深港通投资香港联交所上市股票取得的转让差价所得和通过基金互认买卖香港基金份额取得的转让差价所得，继续暂免征收个人所得税

学习心得

【要点48】个人所得税纳税申报（熟悉）

项目	规定
个人所得税的扣缴申报	扣缴义务人在代扣税款的次月15日内，按规定办理全员全额扣缴申报。税务机关对扣缴义务人按照所扣缴的税款，付给2%的手续费
纳税人办理纳税申报的情形	1. 取得综合所得需要办理汇算清缴。 2. 取得应税所得没有扣缴义务人。 3. 取得应税所得，扣缴义务人未扣缴税款。 4. 取得境外所得。 5. 因移居境外注销中国户籍。 6. 非居民个人在中国境内从两处以上取得工资、薪金所得。 7. 国务院规定的其他情形
专项附加扣除信息的提供及减除	居民个人取得工资、薪金所得时，可以向扣缴义务人提供专项附加扣除有关信息，由扣缴义务人扣缴税款时减除专项附加扣除。居民个人取得劳务报酬所得、稿酬所得、特许权使用费所得，应当在汇算清缴时向税务机关提供有关信息，减除专项附加扣除

【要点 49】个人所得税纳税期限（熟悉）

项目	规定
非居民个人的纳税期限	有扣缴义务人的，由扣缴义务人按月或者按次代扣代缴税款，不办理汇算清缴。在中国境内从两处以上取得工资、薪金所得的，应当在取得所得的次月 15 日内申报纳税
扣缴义务人的纳税期限	每月或者每次预扣、代扣的税款，应当在次月 15 日内缴入国库
其他情形的纳税期限	经营所得，按年计算个人所得税，由纳税人在月度或者季度终了后 15 日内向税务机关报送纳税申报表，并预缴税款；取得应税所得没有扣缴义务人的，应当在取得所得的次月 15 日内向税务机关报送纳税申报表；扣缴义务人未扣缴税款的，纳税人应当在取得所得的次年 6 月 30 日前，缴纳税款

第六章　财产和行为税法律制度

☞ 掌握房产税纳税人、征税范围

☞ 掌握契税纳税人、征税范围

☞ 掌握土地增值税纳税人、征税范围

☞ 掌握城镇土地使用税纳税人、征税范围

☞ 掌握耕地占用税和车船税的纳税人、征税范围

☞ 掌握资源税纳税人；环境保护税纳税人

☞ 掌握印花税纳税人、征税范围、计税依据和应纳税额的计算

☞ 熟悉房产税计税依据和应纳税额的计算

☞ 熟悉契税计税依据和应纳税额的计算

☞ 熟悉土地增值税计税依据和应纳税额的计算

☞ 熟悉城镇土地使用税计税依据和应纳税额的计算

☞ 熟悉车船税计税依据和应纳税额的计算

☞ 熟悉资源税应纳税额的计算

【要点1】房产税的纳税人和征税范围（掌握）

项目	内　　容
纳税人	在我国城市、县城、建制镇和工矿区内拥有房屋产权的单位和个人，包括产权所有人、承典人、房产代管人或者使用人。 （1）产权属于国家所有的，其经营管理的单位为纳税人。 （2）产权属于集体和个人所有的，集体单位和个人为纳税人。 （3）产权出典的，承典人为纳税人。 （4）产权所有人、承典人均不在房产所在地的，房产代管人或者使用人为纳税人。 （5）产权未确定以及租典纠纷未解决的，房产代管人或者使用人为纳税人。 （6）应税单位和个人无租使用其他单位的房产，由使用人代为缴纳房产税
征税范围	城市、县城、建制镇和工矿区的房屋

提示　　凡以房屋为载体，不可随意移动的附属设备和配套设施，如给排水、采暖、消防、中央空调、电气及智能化楼宇设备等，无论在会计核算中是否单独记账与核算，都应计入房产原值，计征房产税。独立于房屋之外的建筑物，如围墙、烟囱、水塔、菜窖、室外游泳池等不属于房产税的征税对象。

【要点2】房产税的计税依据和应纳税额的计算（熟悉）

项目	从价计征方法	从租计征方法
计税依据	以房产余值为计税依据。房产税依照房产原值一次减除10%～30%后的余值计算缴纳	以房屋出租取得的租金收入（不含增值税）为计税依据，计算缴纳房产税
应纳税额的计算	应纳税额＝应税房产原值×(1－扣除比例)×1.2%	应纳税额＝租金收入×12%

【要点3】房产税的税收优惠（熟悉）

优惠方式	具体内容
免征	1. 国家机关、人民团体、军队自用的房产免征房产税。自2004年8月1日起，对军队空余房产租赁收入暂免征收房产税。 2. 由国家财政部门拨付事业经费（全额或差额）的单位（学校、医疗卫生单位、托儿所、幼儿园、敬老院以及文化、体育、艺术类单位）所有的、本身业务范围内使用的房产免征房产税。 3. 宗教寺庙、公园、名胜古迹自用的房产免征房产税。 4. 个人所有非营业用的房产免征房产税。 5. 毁损不堪居住的房屋和危险房屋，经有关部门鉴定，在停止使用后，可免征房产税。 6. 纳税人因房屋大修导致连续停用半年以上的，在房屋大修期间免征房产税。 7. 在基建工地为基建工地服务的各种工棚、材料棚、休息棚和办公室、食堂、茶炉房、汽车房等临时性房屋，施工期间一律免征房产税。 8. 对高校学生公寓免征房产税。 9. 对非营利性医疗机构、疾病控制机构和妇幼保健机构等卫生机构自用的房产，免征房产税。

续表

优惠方式	具体内容
免征	10. 对老年服务机构自用的房产免征房产税。 11. 对公共租赁住房免征房产税。对廉租住房经营管理单位按照政府规定价格向规定保障对象出租廉租住房的租金收入，免征房产税。 12. 国家机关、军队、人民团体、财政补助事业单位、居民委员会、村民委员会拥有的体育场馆，用于体育活动的房产，免征房产税。经费自理事业单位、体育社会团体、体育基金会、体育类民办非企业单位拥有并运营管理的体育场馆，其用于体育活动的房产，免征房产税。享受上述税收优惠体育场馆的运动场地，用于体育活动的天数不得低于全年自然天数的70%
暂缓征	对房管部门经租的居民住房，在房租调整改革之前收取租金偏低的，可暂缓征收房产税
减征	1. 对企事业单位、社会团体以及其他组织按市场价格向个人出租用于居住的住房，减按4%的税率征收房产税。 2. 企业拥有并运营管理的大型体育场馆，其用于体育活动的房产，减半征收房产税，其用于体育活动的天数不得低于全年自然天数的70%

【要点4】契税的纳税人和征税范围（掌握）

项目	具体内容
纳税人	在我国境内承受土地、房屋权属转移的单位和个人
征税范围	以在我国境内转移土地、房屋权属的行为作为征税对象，包括土地使用权出让、土地使用权转让、房屋买卖、房屋赠与、房屋互换，以及以其他方式转移土地、房屋权属的征税规定。 土地、房屋典当、分拆（分割）、抵押以及出租等行为，不属于契税的征税范围

提示

　　这里所说的"承受"，是指以受让、购买、受赠、互换等方式取得土地、房屋权属的行为。

【要点 5】 契税的计税依据和应纳税额的计算 （熟悉）

项目		具体内容
计税依据	土地使用权出让、出售，房屋买卖	以成交价格为计税依据
	土地使用权赠与、房屋赠与，以及其他没有价格的转移土地、房屋权属行为	以税务机关参照土地使用权出售、房屋买卖的市场价格依法核定的价格为计税依据
	土地使用权互换、房屋互换	以所互换的土地使用权、房屋价格的差额为计税依据
	以划拨方式取得的土地使用权，经批准改为出让方式重新取得该土地使用权的	以补缴的土地出让价款为计税依据
	先以划拨方式取得土地使用权，后经批准转让房地产，划拨土地性质改为出让的	承受方分别以补缴的土地出让价款和房地产权属转移合同确定的成交价格为计税依据

续表

项目	具体内容	
计税依据	先以划拨方式取得土地使用权，后经批准转让房地产，划拨土地性质**未发生改变**的	承受方以**房地产权属转移合同确定的成交价格**为计税依据
应纳税额的计算	应纳税额＝计税依据×税率	

⏱ 学习心得 --

【要点6】契税的税收优惠（熟悉）

优惠方式	具体内容
全国法定免税	1. 国家机关、事业单位、社会团体、军事单位承受土地、房屋权属用于办公、教学、医疗、科研、军事设施； 2. 非营利性的学校、医疗机构、社会福利机构承受土地、房屋权属用于办公、教学、医疗、科研、养老、救助； 3. 承受荒山、荒地、荒滩土地使用权用于农、林、牧、渔业生产； 4. 婚姻关系存续期间夫妻之间变更土地、房屋权属； 5. 法定继承人通过继承承受土地、房屋权属； 6. 依照法律规定应当予以免税的外国驻华使馆、领事馆和国际组织驻华代表机构承受土地、房屋权属
地方酌定减免税	1. 因土地、房屋被县级以上人民政府征收、征用，重新承受土地、房屋权属； 2. 因不可抗力灭失住房，重新承受住房权属

优惠方式	具体内容
临时减免税 （包括但不限于）	1. 夫妻因离婚分割共同财产发生土地、房屋权属变更的，免征契税。 2. 城镇职工按规定第一次购买公有住房的，免征契税。 3. 自 2021 年 1 月 1 日至 2027 年 12 月 31 日，企业、事业单位改制重组执行以下契税政策： （1）企业改制。企业按照《公司法》有关规定整体改制，包括非公司制企业改制为有限责任公司或股份有限公司，有限责任公司变更为股份有限公司，股份有限公司变更为有限责任公司，原企业投资主体存续并在改制（变更）后的公司中所持股权（股份）比例超过 75%，且改制（变更）后公司承继原企业权利、义务的，对改制（变更）后公司承受原企业土地、房屋权属，免征契税。 （2）事业单位改制。事业单位按照国家有关规定改制为企业，原投资主体存续并在改制后企业中出资（股权、股份）比例超过 50% 的，对改制后企业承受原事业单位土地、房屋权属，免征契税。 （3）公司合并。两个或两个以上的公司合并为一个公司，且原投资主体存续的，对合并后公司承受原合并各方土地、房屋权属，免征契税。

优惠方式	具体内容
临时减免税 （包括但不限于）	（4）公司分立。公司分立为两个或两个以上与原公司投资主体相同的公司，对分立后公司承受原公司土地、房屋权属，免征契税。 （5）企业破产。企业实施破产，对债权人（包括破产企业职工）承受破产企业抵偿债务的土地、房屋权属，免征契税。 （6）资产划转。对承受县级以上人民政府或国有资产管理部门按规定进行行政性调整、划转国有土地、房屋权属的单位，免征契税。 （7）债权转股权。经国务院批准实施债权转股权的企业，对债权转股权后新设立的公司承受原企业的土地、房屋权属，免征契税。 （8）划拨用地出让或作价出资。以出让方式或国家作价出资（入股）方式承受原改制重组企业、事业单位划拨用地的，不属于上述规定的免税范围，对承受方应按规定征收契税。 （9）公司股权（股份）转让。在股权（股份）转让中，单位、个人承受公司股权（股份），公司土地、房屋权属不发生转移，不征收契税

【要点7】土地增值税的纳税人和征税范围（掌握）

项目		具体内容
纳税人		土地增值税的纳税人为转让国有土地使用权、地上建筑物及其附着物并取得收入的单位和个人。还包括外商投资企业、外国企业、外国驻华机构及海外华侨、港澳台同胞和外国公民
征税范围	一般规定	1. 土地增值税只对转让国有土地使用权的行为征税，对出让国有土地的行为不征税。 2. 土地增值税既对转让国有土地使用权的行为征税，也对转让地上建筑物及其他附着物产权的行为征税。 3. 土地增值税只对有偿转让的房地产征税，对以继承、赠与等方式无偿转让的房地产，不予征税
	特殊规定	1. 房地产开发企业将开发的部分房地产转为企业自用或用于出租等商业用途时，如果产权未发生转移，不征收土地增值税。 2. 房地产的交换，属于土地增值税的征税范围，但对个人之间互换自有居住用房地产的，经当地税务机关核实，可以免征土地增值税。 3. 合作建房，建成后按比例分房自用的，暂免征收土地增值税；建成后转让的，应当征收土地增值税。

续表

项目		具体内容
征税范围	特殊规定	4. 房地产的出租，不征收土地增值税。 5. 房地产的抵押，在抵押期间不征收土地增值税。待抵押期满后，视该房地产是否转移而确定是否征收土地增值税。 6. 房地产的代建行为，不征收土地增值税。 7. 房地产的重新评估，不征收土地增值税。 8. 土地使用者处置土地使用权，应征收土地增值税

学习心得

【要点8】土地增值税的计税依据（熟悉）

项目	具体内容	
计税依据	纳税人转让房地产所取得的增值额	
转让房地产的收入	包括货币收入、实物收入、其他收入和外币的折算	
扣除项目	取得土地使用权所支付的金额	纳税人为取得土地使用权所支付的地价款和按国家统一规定缴纳的有关费用及税金
	房地产开发成本	包括土地征用及拆迁补偿费、前期工程费、建筑安装工程费、基础设施费、公共配套设施费、开发间接费用
	房地产开发费用	与房地产开发项目有关的销售费用、管理费用、财务费用
	与转让房地产有关的税金	在转让房地产时缴纳的城市维护建设税、印花税、教育费附加

续表

项目		具体内容
扣除项目	财政部确定的其他扣除项目	对从事房地产开发的纳税人可按规定计算的金额之和，加计20%计算扣除
	旧房及建筑物的扣除金额	1. 按评估价格扣除。评估价格为房地产评估机构评定的重置成本价乘以成新度折扣率后的价格。 2. 按购房发票金额计算扣除。纳税人转让旧房及建筑物，凡不能取得评估价格，但能提供购房发票的，可按发票所载金额并从购买年度起至转让年度止每年加计5%计算。对于纳税人购房时缴纳的契税，凡能够提供契税完税凭证的，准予作为"与转让房地产有关的税金"予以扣除，但不作为加计5%的基数
转让房地产所取得的增值额		转让房地产的收入——税法规定的扣除项目金额

【要点9】 土地增值税应纳税额的计算 （熟悉）

项目	具体内容
应纳税额的计算公式	应纳税额 = $\sum$（每级距的增值额×适用税率）
应纳税额的计算步骤	1. 计算增值额。 增值额 = 房地产转让收入 − 扣除项目金额 2. 计算增值率。 增值率 = 增值额÷扣除项目金额×100% 3. 确定适用税率。根据土地增值税税率表确定。 4. 计算应纳税额。 土地增值税应纳税额 = 增值额×适用税率 − 扣除项目金额×速算扣除系数

 提示 　土地增值税纳税人转让房地产取得的收入为不含增值税收入。

【要点10】土地增值税的税收优惠（熟悉）

优惠方式	具体内容
免征	1. 纳税人建造普通标准住宅出售，增值额未超过扣除项目金额20%的，予以免税。 2. 因国家建设需要依法征收、收回的房地产，免征土地增值税。 3. 企事业单位、社会团体以及其他组织转让旧房作为公共租赁住房房源且增值额未超过扣除项目金额20%的，免征土地增值税
暂免征	自2008年11月1日起，对个人转让住房暂免征收土地增值税

【要点11】城镇土地使用税纳税人、征税范围（掌握）

项目	具体内容
纳税人	在城市、县城、建制镇、工矿区范围内使用土地的单位和个人
征税范围	在城市、县城、建制镇、工矿区范围内的土地，不论是属于国家所有的土地，还是集体所有的土地，都属于城镇土地使用税的征税范围。建立在城市、县城、建制镇和工矿区以外的工矿企业不需缴纳城镇土地使用税

学习心得 --------------------------------

【要点12】城镇土地使用税计税依据和应纳税额的计算（熟悉）

项目	具体内容	
计税依据	纳税人实际占用的土地面积	由省级人民政府确定的单位组织测定土地面积的，以测定的土地面积为准
		尚未组织测定，但纳税人持有政府部门核发的土地使用证书的，以证书确定的土地面积为准
		尚未核发土地使用证书的，应由纳税人据实申报土地面积，并据以纳税，待核发土地使用证书后再作调整
应纳税额的计算	应纳税额＝实际占用应税土地面积（平方米）×适用税额	

【要点 13】城镇土地使用税的税收优惠（熟悉）

优惠方式	具体内容
一般免税规定	1. 国家机关、人民团体、军队自用的土地。 2. 由国家财政部门拨付事业经费的单位自用的土地。 3. 宗教寺庙、公园、名胜古迹自用的土地。 4. 市政街道、广场、绿化地带等公共用地。 5. 直接用于农、林、牧、渔业的生产用地。 6. 经批准开山填海整治的土地和改造的废弃土地，从使用的月份起免缴土地使用税 5~10 年。 7. 由财政部另行规定免税的能源、交通、水利设施用地和其他用地
特殊免税规定（包括但不限于）	1. 城镇土地使用税与耕地占用税的征税范围衔接。为避免对一块土地同时征收耕地占用税和城镇土地使用税，凡是缴纳了耕地占用税的，从批准征用之日起满 1 年后征收城镇土地使用税；征用非耕地因不需要缴纳耕地占用税，应从批准征用之次月起征收城镇土地使用税。 2. 免税单位与纳税单位之间无偿使用的土地。对免税单位无偿使用纳税单位的土地（如公安、海关等单位使用铁路、民航等单位的土地），免征城镇土地使用税。

续表

优惠方式	具体内容
特殊 免税规定 （包括但 不限于）	3. 房地产开发公司开发建造商品房的用地，除经批准开发建设经济适用房的用地外，对各类房地产开发用地一律不得减免城镇土地使用税。 4. 防火、防爆、防毒等安全防范用地。对于各类危险品仓库、厂房所需的防火、防爆、防毒等安全防范用地，可由各省、自治区、直辖市税务局确定，暂免征收城镇土地使用税；对仓库库区、厂房本身用地，应依法征收城镇土地使用税。 5. 企业的铁路专用线、公路等用地。对企业的铁路专用线、公路等用地除另有规定者外，在企业厂区（包括生产、办公及生活区）以内的，应照章征收城镇土地使用税；在厂区以外、与社会公用地段未加隔离的，暂免征收城镇土地使用税。 6. 石油天然气（含页岩气、煤层气）生产企业用地。 （1）下列石油天然气生产建设用地暂免征收城镇土地使用税： ①地质勘探、钻井、井下作业、油气田地面工程等施工临时用地； ②企业厂区以外的铁路专用线、公路及输油（气、水）管道用地； ③油气长输管线用地。 （2）在城市、县城、建制镇以外工矿区内的消防、防洪排涝、防风、防沙设施用地，暂免征收城镇土地使用税。

续表

优惠方式	具体内容
特殊 免税规定 (包括但 不限于)	7. 林业系统用地。 (1) 对林区的育林地、运材道、防火道、防火设施用地,免征城镇土地使用税。 (2) 林业系统的森林公园、自然保护区可比照公园免征城镇土地使用税。 8. 盐场、盐矿用地。 (1) 对盐场、盐矿的生产厂房、办公、生活区用地,应照章征收城镇土地使用税。 (2) 盐场的盐滩、盐矿的矿井用地,暂免征收城镇土地使用税。 (3) 对盐场、盐矿的其他用地,由各省、自治区、直辖市税务局根据实际情况,确定征收城镇土地使用税或给予定期减征、免征的照顾。 9. 矿山企业用地。矿山的采矿场、排土场、尾矿库、炸药库的安全区,以及运矿岩公路、尾矿输送管道及回水系统用地,免征城镇土地使用税。 10. 电力行业用地。 (1) 火电厂厂区围墙内的用地均应征收城镇土地使用税。对厂区围墙外的灰场、输灰管、输油(气)管道、铁路专用线用地,免征城镇土地使用税。 (2) 水电站的发电厂房用地(包括坝内、坝外式厂房),生产、办公、生活用地,应征收城镇土地使用税;对其他用地给予免税照顾。 (3) 对供电部门的输电线路用地、变电站用地,免征城镇土地使用税。

续表

优惠方式	具体内容
特殊 免税规定 （包括但 不限于）	11. 水利设施用地。 （1）水利设施及其管护用地（如水库库区、大坝、堤防、灌渠、泵站等用地），免征城镇土地使用税。 （2）对兼有发电的水利设施用地城镇土地使用税的征免，比照电力行业免征城镇土地使用税的有关规定。 12. 交通部门港口用地。对港口的码头（即泊位，包括岸边码头、伸入水中的浮码头、堤岸、堤坝、栈桥等）用地，免征城镇土地使用税。 13. 民航机场用地。 （1）机场飞行区（包括跑道、滑行道、停机坪、安全带、夜航灯光区）用地、场内外通信导航设施用地和飞行区四周排水防洪设施用地，免征城镇土地使用税。 （2）在机场道路中，场外道路用地免征城镇土地使用税。 14. 老年服务机构自用的土地免征城镇土地使用税。 15. 对国家机关、军队、人民团体、财政补助事业单位、居民委员会、村民委员会拥有的体育场馆，用于体育活动的土地，免征城镇土地使用税。 16. 对向居民供热收取采暖费的供热企业，为居民供热所使用的土地免征城镇土地使用税；对供热企业其他土地，应当按照规定征收城镇土地使用税。 17. 对物流企业自有（包括自用和出租）或承租的大宗商品仓储设施用地，减按所属土地等级适用税额标准的50%计征城镇土地使用税

【要点14】耕地占用税纳税人、征税范围、税收优惠（掌握）

项目	具体内容
纳税人	在我国境内占用耕地建设建筑物、构筑物或者从事非农业建设的单位和个人
征收范围	纳税人为建设建筑物、构筑物或从事其他非农业建设而占用的国家所有和集体所有的耕地
税收优惠	1. 军事设施、学校、幼儿园、社会福利机构、医疗机构占用耕地，免征耕地占用税。 2. 农村居民在规定用地标准以内占用耕地新建自用住宅，按照当地适用税额减半征收耕地占用税；其中农村居民经批准搬迁，新建自用住宅占用耕地不超过原宅基地面积的部分，免征耕地占用税。 3. 农村烈士遗属、因公牺牲军人遗属、残疾军人以及符合农村最低生活保障条件的农村居民，在规定用地标准以内新建自用住宅，免征耕地占用税。 4. 铁路线路、公路线路、飞机场跑道、停机坪、港口、航道、水利工程占用耕地，减按每平方米2元的税额征收耕地占用税

提示　按规定免征或者减征耕地占用税后，纳税人改变原占地用途，不再属于免征或者减征耕地占用税情形的，应当按照当地适用税额补缴耕地占用税。

【要点15】车船税的纳税人和征税范围（掌握）

项目	具体内容
纳税人	在我国境内属于《车船税法》所附"车船税税目税额表"规定的车辆、船舶（以下简称车船）的所有人或者管理人。 从事机动车第三者责任强制保险业务的保险机构为机动车车船税的扣缴义务人
征税范围	指在我国境内属于《车船税法》所规定的应税车辆和船舶。具体包括： 1. 依法应当在车船登记管理部门登记的机动车辆和船舶； 2. 依法不需要在车船登记管理部门登记的在单位内部场所行驶或者作业的机动车辆和船舶

【要点16】车船税的计税依据和应纳税额的计算（熟悉）

税目	计税依据	应纳税额计算公式
乘用车、商用客车和摩托车	辆数	辆数×适用年基准税额
商用货车、挂车、专用作业车和轮式专用机械车（不包括拖拉机）	整备质量吨位数	整备质量吨位数×适用年基准税额
机动船舶	净吨位数	净吨位数×适用年基准税额
非机动驳船、拖船		净吨位数×适用年基准税额×50%
游艇	艇身长度	艇身长度×适用年基准税额

 提示　计税依据是高频考点，经常在单项选择题和多项选择题中出现，必须掌握。

【要点17】资源税纳税人和征税范围（掌握）

项目	具体内容
纳税人	在中华人民共和国领域和中华人民共和国管辖的其他海域开发应税资源的单位和个人
征税范围	1. 能源矿产，包括原油，天然气、页岩气、天然气水合物，煤，煤成（层）气，铀、钍，油页岩、油砂、天然沥青、石煤，地热。 2. 金属矿产，包括黑色金属和有色金属。 3. 非金属矿产，包括矿物类、岩石类、宝玉石类。 4. 水气矿产，包括二氧化碳气、硫化氢气、氦气、氡气、矿泉水。 5. 盐类，包括钠盐、钾盐、镁盐、锂盐、天然卤水、海盐。 6. 自用应税产品。纳税人开采或者生产应税产品自用的，视同销售，应当按规定缴纳资源税，但是自用于连续生产应税产品的，不缴纳资源税。 7. 试点征收水资源税。对取用地表水或者地下水的单位和个人试点征收水资源税

提示　（1）中外合作开采陆上、海上石油资源的企业依法缴纳资源税。

（2）2011 年 11 月 1 日前已依法订立中外合作开采陆上、海上石油资源合同的，在该合同有效期内，继续依照国家有关规定缴纳矿区使用费，不缴纳资源税；合同期满后，依法缴纳资源税。

学习心得

【要点18】资源税应纳税额的计算（熟悉）

计算方法	计算公式
从价定率	应纳税额＝应税产品的销售额×适用的比例税率
从量定额	应纳税额＝应税产品的销售数量×适用的定额税率
代扣代缴	代扣代缴应纳税额＝收购未税产品的数量×适用定额税率

学习心得

【要点 19】资源税的税收优惠（熟悉）

优惠方式	具体内容
免征	1. 开采原油以及在油田范围内运输原油过程中用于加热的原油、天然气。 2. 煤炭开采企业因安全生产需要抽采的煤成（层）气
减征	1. 从低丰度油气田开采的原油、天然气，减征 20% 资源税。 2. 高含硫天然气、三次采油和从深水油气田开采的原油、天然气，减征 30% 资源税。 3. 稠油、高凝油减征 40% 资源税。 4. 从衰竭期矿山开采的矿产品，减征 30% 资源税
省、自治区、直辖市可以决定免征或者减征资源税	1. 纳税人开采或者生产应税产品过程中，因意外事故或者自然灾害等原因遭受重大损失。 2. 纳税人开采共伴生矿、低品位矿、尾矿

【要点20】环境保护税的纳税人和征税范围（掌握）

项目	具体内容
纳税人	在中华人民共和国领域和中华人民共和国管辖的其他海域，直接向环境排放应税污染物的企业事业单位和其他生产经营者

学习心得

【要点21】印花税的纳税人和征税范围（掌握）

项目		具体内容
纳税人		在中华人民共和国境内书立应税凭证、进行证券交易的单位和个人；在中华人民共和国境外书立在境内使用的应税凭证的单位和个人。 （1）立合同人——合同的当事人，不包括合同的担保人、证人、鉴定人。 （2）立账簿人——开立并使用营业账簿的单位和个人。 （3）立据人——书立产权转移书据的单位和个人。 （4）使用人——在国外书立、领受，但在国内使用应税凭证的单位和个人
征税范围	合同	买卖合同、借款合同、融资租赁合同、租赁合同、承揽合同、建设工程合同、运输合同、技术合同、保管合同、仓储合同、财产保险合同
	产权转移书据	土地使用权出让书据，土地使用权、房屋等建筑物和构筑物所有权转让书据（不包括土地承包经营权和土地经营权转移），股权转让书据（不包括应缴纳证券交易印花税的）以及商标专用权、著作权、专利权、专有技术使用权转让书据
	营业账簿	资金账簿、其他营业账簿
	证券交易	股票和以股票为基础的存托凭证

【要点22】印花税的计税依据和应纳税额的计算（掌握）

税目	计税依据	应纳税额的计算
合同	合同所列的金额	应纳税额＝价款或者报酬×适用税率
产权转移书据	产权转移书据所列的金额	应纳税额＝价款×适用税率
营业账簿	账簿记载的实收资本（股本）、资本公积合计金额	应纳税额＝实收资本（股本）、资本公积合计金额×适用税率
证券交易	成交金额	应纳税额＝成交金额或者依法确定的计税依据×适用税率

提示　（1）未列明金额时的计税依据。应税合同、产权转移书据未列明金额的，印花税的计税依据按照实际结算的金额确定。计税依据按照上述规定仍不能确定的，按照书立合同、产权转移书据时的市场价格确定；依法应当执行政府定

价或者政府指导价的，按照国家有关规定确定。证券交易无转让价格的，按照办理过户登记手续前一个交易日收盘价计算确定计税依据；无收盘价的，按照证券面值计算确定计税依据。

（2）核定印花税计税依据。纳税人有以下情形的，税务机关可以核定纳税人印花税计税依据：

①未按规定建立印花税应税凭证登记簿，或未如实登记和完整保存应税凭证的。

②拒不提供应税凭证或不如实提供应税凭证致使计税依据明显偏低的。

③采用按期汇总缴纳办法的，未按税务机关规定的期限报送汇总缴纳印花税情况报告，经税务机关责令限期报告，逾期仍不报告的或者税务机关在检查中发现纳税人有未按规定汇总缴纳印花税情况的。

第七章　税收征收管理法律制度

☞ 掌握税收征收管理法的适用范围和适用对象

☞ 掌握税务登记管理、账簿和凭证管理、发票管理、纳税申报管理

☞ 掌握应纳税额的核定、调整和缴纳、税款征收的保障措施

☞ 掌握被检查人的义务、纳税信用管理

☞ 掌握税务行政复议的范围、税务行政复议管辖

☞ 熟悉税收征纳主体的权利和义务

☞ 熟悉税款征收方式、税款征收的其他措施

☞ 熟悉税务机关的职权和职责、税收违法行为检举管理、重大税收违法失信主体信息公布

☞ 熟悉税务行政复议申请、受理、审理和决定

【要点1】税收征收管理法的适用范围和适用对象（掌握）

项目		具体内容
适用范围	税务机关征收	凡依法由税务机关征收的各种税收的征收管理，均适用《税收征收管理法》
	海关征收	由海关负责征收的关税和船舶吨税以及海关代征的进口环节的增值税、消费税，依照法律、行政法规的有关规定执行
	条约、协定	我国同外国缔结的有关税收的条约、协定同《税收征收管理法》有不同规定的，依照条约、协定的规定办理
适用对象	税收征收管理主体	国务院税务主管部门主管全国税收征收管理工作
	税收征收管理相对人	包括纳税人和扣缴义务人
	相关单位和部门	各有关部门和单位应当支持、协助税务机关依法执行职务

【要点2】税收征纳主体的权利和义务（熟悉）

项目	具体内容	
征税主体的职权	税收**立法权**	包括参与起草税收法律法规草案，提出税收政策建议，在职权范围内制定、发布关于税收征管的部门规章等
	税务**管理权**	包括对纳税人进行税务登记管理、账簿和凭证管理、发票管理、纳税申报管理等
	税款**征收权**	税款征收权是征税主体享有的**最基本、最主要**的职权，包括依法计征权、核定税款权、税收保全和强制执行权、追征税款权等
	税务**检查权**	包括查账权、场地检查权、询问权、责成提供资料权、存款账户核查权等
	税务**行政处罚权**	税务行政处罚权是对税收违法行为依照法定标准予以行政制裁的职权，如罚款等

项目		具体内容
征税主体的职权	其他职权	如在法律、行政法规规定的权限内，对纳税人的减、免、退、延期缴纳的申请予以审批的权利；阻止欠税纳税人离境的权利；委托代征权；估税权；代位权与撤销权；定期对纳税人欠缴税款情况予以公告的权利；上诉权等
征税主体的职责	普法宣传、提供咨询	宣传税收法律、行政法规，普及纳税知识，无偿为纳税人提供纳税咨询服务
	保密	依法为纳税人、扣缴义务人的情况保守秘密，为检举违反税法行为者保密。纳税人、扣缴义务人的税收违法行为不属于保密范围
	提高业务能力	加强队伍建设，提高税务人员的政治业务素质
	秉公执法	秉公执法，忠于职守，清正廉洁，礼貌待人，文明服务，尊重和保护纳税人、扣缴义务人的权利，依法接受监督

续表

项目		具体内容
征税主体的职责	不滥用职权	不得索贿受贿、徇私舞弊、玩忽职守、不征或者少征应征税款；不得滥用职权多征税款或者故意刁难纳税人和扣缴义务人
	回避	在核定应纳税额、调整税收定额、进行税务检查、实施税务行政处罚、办理税务行政复议时，与纳税人、扣缴义务人或者其法定代表人、直接责任人有利害关系，包括夫妻关系、直系血亲关系、三代以内旁系血亲关系、近姻亲关系、可能影响公正执法的其他利害关系的，应当回避
	建立、健全内部制约和监督管理制度	上级税务机关应当对下级税务机关的执法活动依法进行监督。各级税务机关应当对其工作人员执行法律、行政法规和廉洁自律准则的情况进行监督检查
纳税主体的权利		1. 知情权。 2. 要求保密权。 3. 依法享受税收优惠权。

续表

项目	具体内容
纳税主体的权利	4. 申请退还多缴税款权。 5. 申请延期申报权。 6. 纳税申报方式选择权。 7. 申请延期缴纳税款权。 8. 索取有关税收凭证的权利。 9. 委托税务代理权。 10. 陈述权、申辩权。 11. 对未出示税务检查证和税务检查通知书的拒绝检查权。 12. 依法要求听证的权利。 13. 税收法律救济权。 14. 税收监督权
纳税主体的义务	1. 按期办理税务登记，及时核定应纳税种、税目的义务。 2. 依法设置账簿、保管账簿和有关资料以及依法开具、使用、取得和保管发票的义务。 3. 财务会计制度和会计核算软件备案的义务。 4. 按照规定安装、使用税控装置的义务。

续表

项目	具体内容
纳税主体的义务	5. 按期、如实办理纳税申报的义务。 6. 按期缴纳或解缴税款的义务。 7. 接受税务检查的义务。 8. 代扣、代收税款的义务。 9. 及时提供信息的义务，如纳税人有歇业、经营情况变化、遭受各种灾害等特殊情况的，应及时向征税机关说明等。 10. 报告其他涉税信息的义务，如企业合并、分立的报告义务等

【要点3】税务登记管理（掌握）

项目		内　容
申请人	从事生产、经营的纳税人	企业，企业在外地设立的分支机构和从事生产、经营的场所，个体工商户和从事生产、经营的事业单位，都应当办理税务登记
	非从事生产经营但依照规定负有纳税义务的纳税人	前述规定以外的纳税人，除国家机关、个人和无固定生产、经营场所的流动性农村小商贩外，也应当办理税务登记
	负有扣缴税款义务的扣缴义务人（国家机关除外），应当办理扣缴税款登记	
主管机关	县以上（含本级）税务局（分局）是税务登记的主管机关，负责税务登记的设立登记、变更登记、注销登记和税务登记证验证、换证以及非正常户处理、报验登记等有关事项	
	县以上税务局（分局）按照国务院规定的税收征收管理范围，实施属地管理，办理税务登记。有条件的城市，可以按照"各区分散受理、全市集中处理"的原则办理税务登记	

【要点4】税务登记的内容（掌握）

项目	内　　容
设立（开业）税务登记	1. 办埋税务登记的地点。 从事生产、经营的纳税人，向生产、经营所在地税务机关办理税务登记。非从事生产经营但依照规定负有纳税义务的其他纳税人，向纳税义务发生地税务机关办理税务登记。 2. 申报办理税务登记的时限。 （1）从事生产、经营的纳税人领取营业执照的，应当自领取工商营业执照之日起30日内申报办理税务登记。 （2）从事生产、经营的纳税人未办理营业执照但经有关部门批准设立的，应当自有关部门批准设立之日起30日内申报办理税务登记。 （3）从事生产、经营的纳税人未办理营业执照也未经有关部门批准设立的，应当自纳税义务发生之日起30日内申报办理税务登记。 （4）有独立的生产经营权、在财务上独立核算并定期向发包人或者出租人上交承包费或租金的承包承租人，应当自承包承租合同签订之日起30日内，向其承包承租业务发生地税务机关申报办理税务登记。

续表

项目	内　容
设立 （开业） 税务登记	（5）境外企业在中国境内承包建筑、安装、装配、勘探工程和提供劳务的，应当自项目合同或协议签订之日起30日内，向项目所在地税务机关申报办理税务登记。 （6）非从事生产经营但依照规定负有纳税义务的其他纳税人，除国家机关、个人和无固定生产、经营场所的流动性农村小商贩外，均应当自纳税义务发生之日起30日内，向纳税义务发生地税务机关申报办理税务登记。 3. 办理税务登记的程序。 申报办理税务登记，如实填写税务登记表，如实提供证件和资料
变更税务登记	（1）纳税人已在市场监管部门办理变更登记的，自2023年4月1日起，无须向税务机关报告登记变更信息；各省税务机关自动同步变更登记信息。 （2）纳税人按照规定不需要在市场监管部门办理变更登记，或者其变更登记的内容与市场主体登记内容无关的，应当自税务登记内容实际发生变化之日起30日内，或者自有关机关批准或宣布变更之日起30日内，到原税务登记机关申报办理变更税务登记

续表

项 目	内 容
外出经营报验登记	纳税人跨省经营的，应当在外出生产经营前，持税务登记证到主管税务机关开具"外管证"，并自"外管证"签发之日起 30 日内，持"外管证"向经营地税务机关报验登记，并接受经营地税务机关的管理
注销税务登记	1. 办理注销税务登记的原因。 纳税人发生以下情形的，向主管税务机关申报办理注销税务登记： (1) 纳税人发生解散、破产、撤销以及其他情形，依法终止纳税义务的。 (2) 纳税人被市场监管部门吊销营业执照或者被其他机关予以撤销登记的。 (3) 纳税人因住所、经营地点变动，涉及变更税务登记机关的。 (4) 境外企业在中国境内承包建筑、安装、装配、勘探工程和提供劳务的，项目完工、离开中国的。 2. 申报办理注销税务登记的时限。 (1) 纳税人发生解散、破产、撤销以及其他情形，依法终止纳税义务的，应当在向市场监管部门或者其他机关办理注销登记前，持有关证件和资料向原税务登记机关申报办理注销税务登记；按规定不需要在市场监管部门或者其他机关办理注册登记的，应当自有关机关批准或者宣告终止之日起 15 日内，持有关证件和资料向原税务登记机关申报办理注销税务登记。

项目	内　容
注销税务登记	（2）纳税人被市场监管部门吊销营业执照或者被其他机关予以撤销登记的，应当自营业执照被吊销或者被撤销登记之日起15日内，向原税务登记机关申报办理注销税务登记。 （3）纳税人因住所、经营地点变动，涉及改变税务登记机关的，应当在向市场监管部门或者其他机关申请办理变更、注销登记前，或者住所、经营地点变动前，持有关证件和资料，向原税务登记机关申报办理注销税务登记，并自注销税务登记之日起30日内向迁达地税务机关申报办理税务登记。 （4）境外企业在中国境内承包建筑、安装、装配、勘探工程和提供劳务的，应当在项目完工、离开中国前15日内，持有关证件和资料，向原税务登记机关申报办理注销税务登记
其他税务登记	停业、复业登记、临时税务登记、非正常户的认定与解除、扣缴税款登记

【要点5】账簿和凭证管理（掌握）

项目	内　　容
账簿 设置	1. 从事生产、经营的纳税人应当自领取营业执照或者发生纳税义务之日起15日内，按照国家有关规定设置账簿。 2. 生产、经营规模小又确无建账能力的纳税人，可以聘请经批准从事会计代理记账业务的专业机构或者财会人员代为建账和办理账务。 3. 扣缴义务人应当自税收法律、行政法规规定的扣缴义务发生之日起10日内，按照所代扣、代收的税种，分别设置代扣代缴、代收代缴税款账簿
对纳税人财务 会计制度及 其处理办法 的管理	1. 备案制度。 从事生产、经营的纳税人应当自领取税务登记证件之日起15日内，将其财务、会计制度或者财务、会计处理办法报送主管税务机关备案。 纳税人使用计算机记账的，应当在使用前将会计电算化系统的会计核算软件、使用说明书及有关资料报送主管税务机关备案。 2. 税法规定优先。 从事生产、经营的纳税人、扣缴义务人的财务、会计制度或者财务、会计处理办法与国务院或者国务院财政、税务主管部门有关税收的规定抵触的，依照国务院或者国务院财政、税务主管部门有关税收的规定计算应纳税款、代扣代缴和代收代缴税款。

续表

项目	内　容
对纳税人财务会计制度及其处理办法的管理	3. 使用计算机记账。 纳税人建立的会计电算化系统应当符合国家有关规定，并能正确、完整核算其收入或者所得
账簿、凭证等涉税资料的保存和管理	1. 除法律、行政法规另有规定外，账簿、记账凭证、报表、完税凭证、发票、出口凭证及其他有关涉税资料应当保存 10 年。 2. 账簿、记账凭证、完税凭证及其他有关资料不得伪造、变造或者擅自损毁

【要点6】发票管理（掌握）

项目		内　　容
发票管理机关	国务院税务主管部门	统一负责全国的发票管理工作
	省、自治区、直辖市税务机关	依据职责做好本行政区域内的发票管理工作
	财政、审计、市场监督管理、公安等有关部门	在各自的职责范围内，配合税务机关做好发票管理工作
发票的种类	纸质发票	基本联次包括存根联、发票联、记账联。存根联由收款方或开票方留存备查；发票联由付款方或受票方作为付款原始凭证；记账联由收款方或开票方作为记账原始凭证

续表

项目		内　　容
发票的种类	电子发票	税务机关建设电子发票服务平台，为用票单位和个人提供数字化等形态电子发票开具、交付、查验等服务。 电子发票与纸质发票的法律效力相同，任何单位和个人不得拒收
发票的领用	领用发票的程序	需要领用发票的单位和个人，应当持设立登记证件或者税务登记证件，以及经办人身份证明，向主管税务机关办理发票领用手续。领用纸质发票的，还应当提供按照国务院税务主管部门规定式样制作的发票专用章的印模。主管税务机关根据领用单位和个人的经营范围、规模和风险等级，在5个工作日内确认领用发票的种类、数量以及领用方式
	代开发票	需要临时使用发票的单位和个人，可以凭购销商品、提供或者接受服务以及从事其他经营活动的书面证明、经办人身份证明，直接向经营地税务机关申请代开发票。依照税收法律、行政法规规定应当缴纳税款的，税务机关应当先征收税款，再开具发票。税务机关根据发票管理的需要，可以按照国务院税务主管部门的规定委托其他单位代开发票。禁止非法代开发票

项　目		内　　容
发票的领用	外地经营领用发票	临时到本省、自治区、直辖市以外从事经营活动的单位或者个人，应当凭所在地税务机关的证明，向经营地税务机关领用经营地的发票。临时在本省、自治区、直辖市以内跨市、县从事经营活动领用发票的办法，由省、自治区、直辖市税务机关规定
发票的开具	开票主体	销售商品、提供服务以及从事其他经营活动的单位和个人，对外发生经营业务收取款项，收款方应当向付款方开具发票；特殊情况下，由付款方向收款方开具发票。特殊情况是指：收购单位和扣缴义务人支付个人款项时；国家税务总局认为其他需要由付款方向收款方开具发票的。 所有单位和从事生产、经营活动的个人在购买商品、接受服务以及从事其他经营活动支付款项，应当向收款方取得发票
	开票程序	开具发票应当按照规定的时限、顺序、栏目，全部联次一次性如实开具，开具纸质发票应当加盖发票专用章。 除国务院税务主管部门规定的特殊情形外，纸质发票限于领用单位和个人在本省、自治区、直辖市内开具

续表

项目		内　容
发票的开具	禁止性规定	取得发票的主体在取得发票时，不得要求开票主体变更品名和金额，也不得要求开票主体变更涉及金额计算的单价和数量。 不符合规定的发票，不得作为财务报销凭证，任何单位和个人有权拒收。 任何单位和个人不得有下列虚开发票行为： ①为他人、为自己开具与实际经营业务情况不符的发票。 ②让他人为自己开具与实际经营业务情况不符的发票。 ③介绍他人开具与实际经营业务情况不符的发票
发票的使用和保管		任何单位和个人应当按照发票管理规定使用发票，不得有下列行为： （1）转借、转让、介绍他人转让发票、发票监制章和发票防伪专用品。 （2）知道或者应当知道是私自印制、伪造、变造、非法取得或者废止的发票而受让、开具、存放、携带、邮寄、运输。 （3）拆本使用发票。 （4）扩大发票使用范围。 （5）以其他凭证代替发票使用。 （6）窃取、截留、篡改、出售、泄露发票数据

续表

项目	内　　容
发票的检查	税务机关在发票管理中有权进行下列检查： （1）检查印制、领用、开具、取得、保管和缴销发票的情况。 （2）调出发票查验。 （3）查阅、复制与发票有关的凭证、资料。 （4）向当事各方询问与发票有关的问题和情况。 （5）在查处发票案件时，对与案件有关的情况和资料，可以记录、录音、录像、照相和复制

学习心得

【要点7】 纳税申报管理 （掌握）

项目	内　　容
纳税申报	纳税人按照税法规定，定期就计算缴纳税款的有关事项向税务机关提交书面报告的法定手续。纳税申报是确定纳税人是否履行纳税义务，界定法律责任的主要依据
纳税申报的内容	税种、税目，应纳税项目或者应代扣代缴、代收代缴税款项目，计税依据，扣除项目及标准，适用税率或者单位税额，应退税项目及税额、应减免税项目及税额，应纳税额或者应代扣代缴、代收代缴税额，税款所属期限、延期缴纳税款、欠税、滞纳金等
纳税申报的方式	1. 自行申报。 2. 邮寄申报。 邮寄申报以寄出的邮戳日期为实际申报日期。 3. 数据电文申报。 数据电文申报的申报日期以税务机关计算机网络系统收到该数据电文的时间为准，与数据电文相对应的纸质申报资料的报送期限由税务机关确定。

续表

项目	内　　容
纳税申报的方式	4. 其他方式。 实行定期定额缴纳税款的纳税人，可以实行简易申报、简并征期等方式申报纳税
纳税申报的要求	1. 纳税申报的**基本要求**。 纳税人办理纳税申报时，应当如实填写纳税申报表，并根据不同的情况相应报送有关证件、资料。 2. **无税及减免税期间**的纳税申报。 纳税人在纳税期内没有应纳税款的，也应当按照规定办理纳税申报。 纳税人享受减税、免税待遇的，在减税、免税期间应当按照规定办理纳税申报。 3. **破产期间**的纳税申报。 在人民法院裁定受理破产申请之日至企业注销之日期间，企业应当接受税务机关的税务管理，履行税法规定的相关义务

续表

项目	内　　容
纳税申报的 延期办理	纳税人、扣缴义务人按照规定的期限办理纳税申报或者报送代扣代缴、代收代缴税款报告表确有困难，需要延期的，应当在规定的期限内向税务机关提出书面延期申请，经税务机关核准，在核准的期限内办理。 纳税人、扣缴义务人因不可抗力，不能按期办理纳税申报或者报送"代扣代缴、代收代缴税款报告表"的，可以延期办理，但应当在不可抗力情形消除后立即向税务机关报告。税务机关应当查明事实，予以核准

学习心得 ------------------------------------

【要点8】税款征收方式（熟悉）

项目	具体内容
查账征收	适用于财务会计制度健全，能够如实核算和提供生产经营情况，并能正确计算应纳税款和如实履行纳税义务的纳税人
查定征收	适用生产经营规模较小、产品零星、税源分散、会计账册不健全，但能控制原材料或进销货的小型厂矿和作坊
查验征收	适用于纳税人财务制度不健全，生产经营不固定，零星分散、流动性大的税源
定期定额征收	适用于经主管税务机关认定和县以上税务机关（含县级）批准的生产、经营规模小，达不到《个体工商户建账管理暂行办法》规定设置账簿标准，难以查账征收，不能准确计算计税依据的个体工商户（包括个人独资企业）
扣缴征收	包括代扣代缴和代收代缴两种征收方式。扣缴义务人依照法律、行政法规的规定履行代扣、代收税款的义务。税务机关按照规定付给扣缴义务人代扣、代收手续费
委托征收	适用于零星分散和异地缴纳的税收

【要点9】应纳税额的核定（掌握）

项目	内　　容
核定应纳税额的情形	纳税人有下列情形之一的，税务机关有权核定其应纳税额： (1) 依照法律、行政法规的规定可以不设置账簿的。 (2) 依照法律、行政法规的规定应当设置但未设置账簿的。 (3) 擅自销毁账簿或者拒不提供纳税资料的。 (4) 虽设置账簿，但账目混乱或者成本资料、收入凭证、费用凭证残缺不全，难以查账的。 (5) 发生纳税义务，未按照规定的期限办理纳税申报，经税务机关责令限期申报，逾期仍不申报的。 (6) 纳税人申报的计税依据明显偏低，又无正当理由的
核定应纳税额的方法	1. 参照当地同类行业或者类似行业中经营规模和收入水平相近的纳税人的税负水平核定。 2. 按照营业收入或者成本加合理的费用和利润的方法核定。 3. 按照耗用的原材料、燃料、动力等推算或者测算核定。 4. 按照其他合理方法核定

【要点10】应纳税额的调整（掌握）

项目	内　容
应纳税额调整的情形	1. 购销业务未按照独立企业之间的业务往来作价。 2. 融通资金所支付或者收取的利息超过或者低于没有关联关系的企业之间所能同意的数额，或者利率超过或者低于同类业务的正常利率。 3. 提供劳务，未按照独立企业之间业务往来收取或者支付劳务费用。 4. 转让财产、提供财产使用权等业务往来，未按照独立企业之间业务往来作价或者收取、支付费用。 5. 未按照独立企业之间业务往来作价的其他情形
应纳税额调整的方法	1. 按照独立企业之间进行的相同或者类似业务活动的价格。 2. 按照再销售给无关联关系的第三者的价格所应取得的收入和利润水平。 3. 按照成本加合理的费用和利润。 4. 按照其他合理的方法
应纳税额调整的期限	纳税人与其关联企业未按照独立企业之间的业务往来支付价款、费用的，税务机关自该业务往来发生的纳税年度起3年内进行调整；有特殊情况的，可以自该业务往来发生的纳税年度起10年内进行调整

【要点11】应纳税款的缴纳（掌握）

项目	内　　容
应纳税款的当期缴纳	税务机关收到税款后，应当向纳税人开具完税凭证。扣缴义务人代扣、代收税款时，纳税人要求扣缴义务人开具代扣、代收税款凭证的，扣缴义务人应当开具。纳税人通过银行缴纳税款的，税务机关可以委托银行开具完税凭证
应纳税款的延期缴纳	1. 纳税人因有特殊困难，不能按期缴纳税款的，经省、自治区、直辖市税务局批准，可以延期缴纳税款，但是最长不得超过3个月。特殊困难是指因不可抗力，导致纳税人发生较大损失，正常生产经营活动受到较大影响的；当期货币资金在扣除应付职工工资、社会保险费后，不足以缴纳税款的。 2. 税务机关应当自收到申请延期缴纳税款报告之日起20日内作出批准或者不予批准的决定；不予批准的，从缴纳税款期限届满之日起加收滞纳金

提示　　完税凭证，是指各种完税证、缴款书、印花税票、扣（收）税凭证以及其他完税证明。完税凭证不得转借、倒卖、变造或者伪造。

【要点 12】 税款征收的保障措施（掌握）

保障措施	内　容
责令缴纳	1. 对纳税人、扣缴义务人、纳税担保人应缴纳的欠税，税务机关可责令其限期缴纳。逾期仍未缴纳的，税务机关<u>可以采取税收强制执行措施</u>。 从事生产、经营的纳税人、扣缴义务人未按照规定的期限缴纳或者解缴税款的，纳税担保人未按照规定的期限缴纳所担保的税款的，由税务机关发出限期缴纳税款通知书，责令缴纳或者解缴税款的<u>最长期限不得超过 15 日</u>。对存在欠税行为的纳税人、扣缴义务人、纳税担保人，税务机关可责令其先行缴纳欠税，再依法缴纳滞纳金。逾期仍未缴纳的，税务机关可以采取税收强制执行措施。<u>滞纳金按日加收</u>，日收取标准为滞纳税款的<u>万分之五</u>。加收滞纳金的起止时间，为法律、行政法规规定或者税务机关依照法律、行政法规的规定确定的税款缴纳期限届满之日起至纳税人、扣缴义务人实际缴纳或者解缴税款之日止。 2. 对未按照规定办理税务登记的从事生产、经营的纳税人，以及临时从事经营的纳税人，税务机关核定其应纳税额，责令其缴纳应纳税款。 3. 税务机关有根据认为从事生产、经营的纳税人有逃避纳税义务行为的，可在规定的纳税期之前责令其限期缴纳应纳税款。逾期仍未缴纳的，税务机关有权采取其他税款征收措施。 4. 纳税担保人未按照规定的期限缴纳所担保的税款，税务机关可责令其限期缴纳应纳税款。逾期仍未缴纳的，税务机关有权采取其他税款征收措施

续表

保障措施			内　容
责令提供纳税担保	适用纳税担保的情形		1. 税务机关有根据认为从事生产、经营的纳税人有逃避纳税义务行为，在规定的纳税期之前经责令其限期缴纳应纳税款，在限期内发现纳税人有明显的转移、隐匿其应纳税的商品、货物，以及其他财产或者应纳税收入的迹象，责成纳税人提供纳税担保的。 2. 欠缴税款、滞纳金的纳税人或者其法定代表人需要出境的。 3. 纳税人同税务机关在纳税上发生争议而未缴清税款，需要申请行政复议的。 4. 税收法律、行政法规规定可以提供纳税担保的其他情形
	纳税担保的范围		纳税担保范围包括税款、滞纳金和实现税款、滞纳金的费用
	纳税担保的方式	纳税保证	纳税保证人向税务机关保证，当纳税人未按照税收法律、行政法规规定或者税务机关确定的期限缴清税款、滞纳金时，由纳税保证人按照约定履行缴纳税款及滞纳金的行为。纳税保证须经税务机关认可，税务机关不认可的，保证不成立

续表

保障措施			内　　容
责令提供纳税担保	纳税担保的方式	纳税抵押	纳税人或纳税担保人不转移对可抵押财产的占有，将该财产作为税款及滞纳金的担保。纳税人逾期未缴清税款及滞纳金的，税务机关有权依法处置该财产以抵缴税款及滞纳金
		纳税质押	经税务机关同意，纳税人或纳税担保人将其动产或权利凭证移交税务机关占有，将该动产或权利凭证作为税款及滞纳金的担保。纳税人逾期未缴清税款及滞纳金的，税务机关有权依法处置该动产或权利凭证以抵缴税款及滞纳金。纳税质押分为动产质押和权利质押
采取税收保全措施	适用税收保全的前提条件		1. 税务机关有根据认为从事生产、经营的纳税人有逃避纳税义务行为。 2. 纳税人逃避纳税义务的行为发生在规定的纳税期之前，以及在责令限期缴纳应纳税款的限期内。 3. 税务机关责成纳税人提供纳税担保后，纳税人不能提供纳税担保。 4. 经县以上税务局（分局）局长批准

保障措施		内　容
采取税收保全措施	税收保全的措施	1. 书面通知纳税人开户银行或者其他金融机构冻结纳税人的金额相当于应纳税款的存款。 2. 扣押、查封纳税人的价值相当于应纳税款的商品、货物或者其他财产。其他财产包括纳税人的房地产、现金、有价证券等不动产和动产
	不适用税收保全的财产	个人及其所扶养家属维持生活必需的住房和用品。 提示：个人及其所扶养家属维持生活必需的住房和用品不包括机动车辆、金银饰品、古玩字画、豪华住宅或者一处以外的住房。 税务机关对单价5 000元以下的其他生活用品，不采取税收保全措施
	税收保全措施的期限	一般不得超过6个月；重大案件需要延长的，应当报国家税务总局批准
	税收保全措施的解除	1. 纳税人在规定期限内缴纳了应纳税款的，税务机关必须立即解除税收保全措施。 2. 纳税人在规定的限期期满仍未缴纳税款的，经县以上税务局（分局）局长批准，终止保全措施，转入强制执行措施

续表

保障措施		内　容
采取强制执行措施	采取强制执行措施的对象	1. 未按照规定的期限缴纳或者解缴税款，经税务机关责令限期缴纳，逾期仍未缴纳税款的从事生产、经营的纳税人、扣缴义务人。 2. 未按照规定的期限缴纳所担保的税款，经税务机关责令限期缴纳，逾期仍未缴纳税款的纳税担保人
	强制执行的措施	1. 强制扣款，即书面通知其开户银行或者其他金融机构从其存款中扣缴税款。 2. 拍卖变卖，即扣押、查封、依法拍卖或者变卖其价值相当于应纳税款的商品、货物或者其他财产，以拍卖或者变卖所得抵缴税款。 提示：个人及其所扶养家属维持生活必需的住房和用品，不在强制执行措施的范围之内。税务机关对单价5 000元以下的其他生活用品，不采取强制执行措施
	滞纳金的执行	税务机关采取强制执行措施时，对纳税人、扣缴义务人、纳税担保人未缴纳的滞纳金同时强制执行。对纳税人已缴纳税款，但拒不缴纳滞纳金的，税务机关可以单独对纳税人应缴未缴的滞纳金采取强制措施

续表

保障措施		内　容
欠税清缴	离境清缴	欠缴税款的纳税人或者他的法定代表人需要出境的，应当在出境前向税务机关结清应纳税款、滞纳金或者提供担保
	税收代位权和撤销权	欠缴税款的纳税人因怠于行使到期债权，或者放弃到期债权，或者无偿转让财产，或者以明显不合理的低价转让财产而受让人知道该情形，对国家税收造成损害的，税务机关可以依法行使代位权、撤销权。税务机关依法行使代位权、撤销权的，不免除欠缴税款的纳税人尚未履行的纳税义务和应承担的法律责任
	欠税报告	纳税人有欠税情形而以其财产设定抵押、质押的，应当向抵押权人、质权人说明其欠税情况。抵押权人、质权人可以请求税务机关提供有关的欠税情况
	欠税公告	县级以上各级税务机关应当将纳税人的欠税情况，在办税场所或者广播、电视、报纸、期刊、网络等新闻媒体上定期公告

续表

保障措施	内　　容
税收优先权	1. 税务机关征收税款，税收优先于无担保债权，法律另有规定的除外。纳税人欠缴的税款发生在纳税人以其财产设定抵押、质押或者纳税人的财产被留置之前的，税收应当先于抵押权、质权、留置权执行。 2. 纳税人欠缴税款，同时又被行政机关决定处以罚款、没收违法所得的，税收优先于罚款、没收违法所得
阻止出境	欠缴税款的纳税人或者其法定代表人在出境前未按规定结清应纳税款、滞纳金或者提供纳税担保的，税务机关可以通知出入境管理机关阻止其出境

【要点13】税款征收的其他措施（熟悉）

项目	具体内容
税收减免	地方各级人民政府、各级人民政府主管部门、单位和个人违反法律、行政法规规定，擅自作出的减税、免税决定无效，税务机关不得执行，并向上级税务机关报告。 享受减税、免税优惠的纳税人，减税、免税期满，应当自期满次日起恢复纳税；减税、免税条件发生变化的，应当在纳税申报时向税务机关报告；不再符合减税、免税条件的，应当依法履行纳税义务；未依法纳税的，税务机关应当予以追缴
税款的退还	纳税人超过应纳税额缴纳的税款，税务机关发现后，应当自发现之日起10日内办理退还手续。 纳税人自结算缴纳税款之日起3年内发现多缴税款的，可以向税务机关要求退还多缴的税款并加算银行同期存款利息，税务机关应当自接到纳税人退还申请之日起30日内查实并办理退还手续。 当纳税人既有应退税款又有欠缴税款的，税务机关可以将应退税款和利息先抵扣欠缴税款；抵扣后有余额的，退还纳税人

续表

项目	具体内容
税款的补缴和追缴	因税务机关的责任，致使纳税人、扣缴义务人未缴或者少缴税款的，税务机关在 3 年内可以要求纳税人、扣缴义务人补缴税款，但是不得加收滞纳金。 因纳税人、扣缴义务人计算错误等失误，未缴或者少缴税款的，税务机关在 3 年内可以追征税款、滞纳金；有特殊情况的，追征期可以延长到 5 年。 补缴和追征税款、滞纳金的期限，自纳税人、扣缴义务人应缴未缴或者少缴税款之日起计算。 对偷税（逃税）、抗税、骗税的，税务机关追征其未缴或者少缴的税款、滞纳金或者所骗取的税款，不受前述规定期限的限制
无欠税证明的开具	1. 无欠税证明是指税务机关依纳税人申请，根据税收征管信息系统所记载的信息，为纳税人开具的表明其不存在欠税情形的证明。 2. 对申请开具无欠税证明的纳税人，证件齐全的，主管税务机关应当受理其申请： （1）经查询税收征管信息系统，符合开具条件的，主管税务机关应当即时开具无欠税证明； （2）不符合开具条件的，不予开具并向纳税人告知未办结涉税事宜。纳税人办结相关涉税事宜后，符合开具条件的，主管税务机关应当即时开具无欠税证明

【要点14】税务机关在税务检查中的职权和职责（熟悉）

项目	具体内容
税务检查的范围	税务机关有权进行下列税务检查： （1）查账权。 （2）生产经营场所和货物存放地检查权。 （3）责成提供资料权。 （4）询问权。 （5）交通邮政检查权。 （6）存款账户检查权
税务检查的措施与手段	1. 税务机关对从事生产、经营的纳税人以前纳税期的纳税情况依法进行税务检查时，发现纳税人有逃避纳税义务行为，并有明显的转移、隐匿其应纳税的商品、货物以及其他财产或者应纳税收入的迹象的，可以按照《税收征收管理法》规定的批准权限采取税收保全措施或强制执行措施。 2. 税务机关调查税务违法案件时，对与案件有关的情况和资料，可以记录、录音、录像、照相和复制。 3. 税务机关依法进行税务检查时，有权向有关单位和个人调查纳税人、扣缴义务人和其他当事人与纳税或者代扣代缴、代收代缴税款有关的情况

续表

项目	具体内容
税务检查应遵守的义务	税务机关派出的人员进行税务检查时，应当出示税务检查证和税务检查通知书，并有责任为被检查人保守秘密；未出示税务检查证和税务检查通知书的，被检查人有权拒绝检查

学习心得

【要点15】被检查人的义务（掌握）

1. 纳税人、扣缴义务人必须接受税务机关依法进行的税务检查，如实反映情况，提供有关资料，不得拒绝、隐瞒。

2. 税务机关依法进行税务检查，向有关单位和个人调查纳税人、扣缴义务人和其他当事人与纳税或者代扣代缴、代收代缴税款有关的情况时，有关单位和个人有义务向税务机关如实提供有关资料及证明材料。

💡 学习心得 --

【要点16】纳税信用管理（掌握）

项目	内　　容
纳税信用管理的主体	国家税务总局主管全国纳税信用管理工作。省以下税务机关负责所辖地区纳税信用管理工作的组织和实施。 下列企业参与纳税信用评价： （1）已办理税务登记，从事生产、经营并适用查账征收的独立核算企业纳税人（以下简称"纳税人"）。 （2）从首次在税务机关办理涉税事宜之日起时间不满一个评价年度的企业。评价年度是指公历年度，即1月1日至12月31日。 （3）评价年度内无生产经营业务收入的企业。 （4）适用企业所得税核定征收办法的企业
纳税信用信息采集	纳税信用信息包括纳税人信用历史信息、税务内部信息、外部信息。 纳税信用信息采集工作由国家税务总局和省税务机关组织实施，按月采集

续表

项目		内　　容
纳税信用评价	纳税信用评价方式	纳税信用评价采取年度评价指标得分和直接判级方式
	纳税信用评价周期	纳税信用评价周期为一个纳税年度，有下列情形之一的纳税人，不参加本期的评价： （1）纳入纳税信用管理时间不满一个评价年度的。 （2）因涉嫌税收违法被立案查处尚未结案的。 （3）被审计、财政部门依法查出税收违法行为，税务机关正在依法处理，尚未办结的。 （4）已申请税务行政复议、提起行政诉讼尚未结案的。 （5）其他不应参加本期评价的情形
	纳税信用评价结果	纳税信用评价结果的确定和发布遵循谁评价、谁确定、谁发布的原则。税务机关每年4月确定上一年度纳税信用评价结果，并为纳税人提供自我查询服务。 纳税信用级别设A、B、M、C、D五级。税务机关对纳税人的纳税信用级别实行动态调整。纳税人信用评价状态变化时，税务机关可采取适当方式通知、提醒纳税人。

续表

项目		内　容
纳税信用评价	纳税信用评价结果	税务机关对纳税信用评价结果，按分级分类原则，依法有序开放。纳税人对纳税信用评价结果有异议的，可以书面向作出评价的税务机关申请复评。作出评价的税务机关应按规定进行复核。 税务机关按照守信激励、失信惩戒的原则，对不同信用级别的纳税人实施分类服务和管理
纳税信用修复		纳入纳税信用管理的企业纳税人，符合法定条件的，可在规定期限内向主管税务机关申请纳税信用修复。主管税务机关自受理纳税信用修复申请之日起15个工作日内完成审核，并向纳税人反馈信用修复结果。 纳税信用修复完成后，纳税人按照修复后的纳税信用级别适用相应的税收政策和管理服务措施，之前已适用的税收政策和管理服务措施不作追溯调整

【要点17】税收违法行为检举管理（熟悉）

项目	内容	
税收违法行为检举管理原则	检举管理工作坚持依法依规、分级分类、属地管理、严格保密的原则	
检举事项的提出、受理和处理	检举的提出	检举人可以实名检举，也可以匿名检举。检举人以个人名义实名检举应当由其本人提出；以单位名义实名检举应当委托本单位工作人员提出
	检举的受理	举报中心对接收的检举事项，应当及时审查，有下列情形之一的，不予受理： （1）无法确定被检举对象，或者不能提供税收违法行为线索的。 （2）检举事项已经或者依法应当通过诉讼、仲裁、行政复议以及其他法定途径解决的。 （3）对已经查结的同一检举事项再次检举，没有提供新的有效线索的。 除前述规定外，举报中心自接收检举事项之日起即为受理。 举报中心可以应实名检举人要求，视情况采取口头或者书面方式解释不予受理原因

续表

项目		内　容
检举事项的提出、受理和处理	检举事项的处理	检举事项受理后，应当分级分类，按照以下方式处理： (1) 检举内容详细、税收违法行为线索清楚、证明资料充分的，由稽查局立案检查。 (2) 检举内容与线索较明确但缺少必要证明资料，有可能存在税收违法行为的，由稽查局调查核实。发现存在税收违法行为的，立案检查；未发现的，作查结处理。 (3) 检举对象明确，但其他检举事项不完整或者内容不清、线索不明的，可以暂存待查，待检举人将情况补充完整以后，再进行处理。 (4) 已经受理尚未查结的检举事项，再次检举的，可以合并处理。 (5)《税收违法行为检举管理办法》规定以外的检举事项，转交有处理权的单位或者部门
检举人的答复和奖励		1. 检举人的答复。 实名检举人可以要求答复检举事项的处理情况与查处结果。举报中心可以视具体情况采取口头或者书面方式答复实名检举人。 2. 检举人的奖励。 检举事项经查证属实，为国家挽回或者减少损失的，按照财政部和国家税务总局的有关规定对实名检举人给予相应奖励

【要点18】 重大税收违法失信主体信息公布管理 （熟悉）

项目		内　　容
失信主体的确定	确定失信主体的依据	纳税人、扣缴义务人或者其他涉税当事人（以下简称"当事人"）有下列情形之一的，税务机关确定其为失信主体。 （1）伪造、变造、隐匿、擅自销毁账簿、记账凭证，或者在账簿上多列支出或者不列、少列收入，或者经税务机关通知申报而拒不申报或者进行虚假的纳税申报，不缴或者少缴应纳税款100万元以上，且任一年度不缴或者少缴应纳税款占当年各税种应纳税总额10%以上的，或者采取前述手段，不缴或者少缴已扣、已收税款，数额在100万元以上的。 （2）欠缴应纳税款，采取转移或者隐匿财产的手段，妨碍税务机关追缴欠缴的税款，欠缴税款金额100万元以上的。 （3）骗取国家出口退税款的。 （4）以暴力、威胁方法拒不缴纳税款的。 （5）虚开增值税专用发票或者虚开用于骗取出口退税、抵扣税款的其他发票的。 （6）虚开增值税普通发票100份以上或者金额400万元以上的。

项目		内　容
失信主体的确定	确定失信主体的依据	（7）私自印制、伪造、变造发票，非法制造发票防伪专用品，伪造发票监制章的。 （8）具有偷税、逃避追缴欠税、骗取出口退税、抗税、虚开发票等行为，在稽查案件执行完毕前，不履行行政收义务并脱离税务机关监管，经税务机关检查确认走逃（失联）的。 （9）为纳税人、扣缴义务人非法提供银行账户、发票、证明或者其他方便，导致未缴、少缴税款100万元以上或者骗取国家出口退税款的。 （10）税务代理人违反税收法律、行政法规造成纳税人未缴或者少缴税款100万元以上的。 （11）其他性质恶劣、情节严重、社会危害性较大的税收违法行为
	确定失信主体的程序	税务机关应当在作出确定失信主体决定前向当事人送达告知文书，告知其依法享有陈述、申辩的权利。 经设区的市、自治州以上税务局局长或者其授权的税务局领导批准，税务机关在申请行政复议或提起行政诉讼期限届满，或者行政复议决定、人民法院判决或裁定生效后，于30日内制作失信主体确定文书，并依法送达当事人

续表

项目	内　容
信息公布的内容	税务机关应当在失信主体确定文书送达后的次月 15 日内，向社会公布下列信息： （1）失信主体基本情况； （2）失信主体的主要税收违法事实； （3）税务处理、税务行政处罚决定及法律依据； （4）确定失信主体的税务机关； （5）法律、行政法规规定应当公布的其他信息
失信主体信息公布管理	失信主体信息公布管理应当遵循依法行政、公平公正、统一规范、审慎适当的原则。 税务机关对按规定确定的失信主体，纳入纳税信用评价范围的，按照纳税信用管理规定，将其纳税信用级别判为 D 级，适用相应的 D 级纳税人管理措施。 失信主体信息自公布之日起满 3 年的，税务机关在 5 日内停止信息公布。失信信息公布期间，符合条件的失信主体或者其破产管理人可以向作出确定失信主体决定的税务机关申请提前停止公布失信信息

【要点 19】 税务行政复议的范围（掌握）

项目	内 容
可以申请税务行政复议的行政行为	1. 征税行为，包括确认纳税主体、征税对象、征税范围、减税、免税、退税、抵扣税款、适用税率、计税依据、纳税环节、纳税期限、纳税地点和税款征收方式等行政行为，征收税款、加收滞纳金，扣缴义务人、受税务机关委托的单位和个人作出的代扣代缴、代收代缴、代征行为等。 2. 行政许可、行政审批行为。 3. 发票管理行为，包括发售、收缴、代开发票等。 4. 税收保全措施、强制执行措施。 5. 行政处罚行为：（1）罚款；（2）没收非法财物和违法所得；（3）停止出口退税权。 6. 不依法履行下列职责的行为：（1）开具、出具完税凭证；（2）行政赔偿；（3）行政奖励；（4）其他不依法履行职责的行为。 7. 资格认定行为。 8. 不依法确认纳税担保行为。

续表

项目	内 容
可以申请税务行政复议的行政行为	9. 政府公开信息工作中的行政行为。 10. 纳税信用等级评定行为。 11. 通知出入境管理机关阻止出境行为。 12. 其他行政行为
可以一并申请税务行政复议的规范性文件	申请人认为税务机关的行政行为所依据的下列规范性文件（不含规章）不合法，对行政行为申请行政复议时，可以一并向复议机关提出对该规范性文件的附带审查申请： （1）国家税务总局和国务院其他部门的规范性文件。 （2）其他各级税务机关的规范性文件。 （3）地方各级人民政府的规范性文件。 （4）地方人民政府工作部门的规范性文件

【要点20】税务行政复议管辖（掌握）

项目		内　　容
一般规定	对各级税务局的行政行为不服的	向其上一级税务局申请行政复议
	对计划单列市税务局的行政行为不服的	向国家税务总局申请行政复议
	对税务所（分局），各级税务局的稽查局的行政行为不服的	向其所属税务局申请行政复议
	对国家税务总局的行政行为不服的	向国家税务总局申请行政复议。对行政复议决定不服，申请人可以向人民法院提起行政诉讼，也可以向国务院申请裁决。国务院的裁决为最终裁决
特殊规定	对两个以上税务机关共同作出的行政行为不服的	向共同上一级税务机关申请行政复议

续表

项目	内 容
特殊规定	对税务机关与其他行政机关以共同的名义作出的行政行为不服的 向其共同上一级行政机关申请行政复议
	对被撤销的税务机关在撤销以前所作出的行政行为不服的 向继续行使其职权的税务机关的上一级税务机关申请行政复议
	对税务机关作出逾期不缴纳罚款加处罚款的决定不服的 向作出行政处罚决定的税务机关申请行政复议。 但是对已处罚款和加处罚款都不服的，一并向作出行政处罚决定的税务机关的上一级税务机关申请行政复议

【要点 21】税务行政复议申请与受理（熟悉）

项目	内　容	
税务行政复议申请	申请条件	1. 申请人可以在知道税务机关作出行政行为之日起 60 日内提出行政复议申请。因不可抗力或者被申请人设置障碍等原因耽误法定申请期限的，申请期限的计算应当扣除被耽误时间。 2. 申请人对复议范围中征税行为不服的，应当先向复议机关申请行政复议，对行政复议决定不服的，可以再向人民法院提起行政诉讼。 3. 申请人按前述规定申请行政复议的，必须依照税务机关根据法律、行政法规确定的税额、期限，先行缴纳或者解缴税款及滞纳金，或者提供相应的担保，才可以在实际缴清税款和滞纳金后或者所提供的担保得到作出行政行为的税务机关确认之日起 60 日内提出行政复议申请。 4. 申请人对复议范围中税务机关作出的征税行为以外的其他行政行为不服的，可以申请行政复议，也可以直接向人民法院提起行政诉讼。 申请人对税务机关作出逾期不缴纳罚款加处罚款的决定不服的，应当先缴纳罚款和加处罚款，再申请行政复议

项目		内　　容
税务行政 复议申请	申请方式	申请人申请行政复议，可以书面申请；书面申请有困难的也可以口头申请。 书面申请的，可以采取当面递交、邮寄、传真或者电子邮件等方式提出行政复议申请。 口头申请的，复议机关应当当场制作行政复议申请笔录，交申请人核对或者向申请人宣读，并由申请人确认
税务行政 复议受理	审查	复议机关收到行政复议申请后，应当在5日内进行审查，决定是否受理。对符合规定的行政复议申请，复议机关应当予以受理
	不予受理	对不符合规定的行政复议申请，决定不予受理，并说明理由。对不属于本机关管辖的，应当告知申请人有管辖权的复议机关
	视为受理	行政复议申请的审查期限届满，复议机关未作出不予受理决定的，审查期限届满之日起视为受理

续表

项目		内　容
税务行政复议受理	提起行政诉讼的情形	对应当先向复议机关申请行政复议，对行政复议决定不服再向人民法院提起行政诉讼的行政行为，复议机关决定不予受理，驳回申请或者受理以后超过行政复议期限不作答复的，申请人可以自收到决定书之日起或者行政复议期满之日起15日内，依法向人民法院提起行政诉讼。 申请人向复议机关申请行政复议，复议机关已经受理的，在法定行政复议期限内申请人不得向人民法院提起行政诉讼；申请人向人民法院提起行政诉讼，人民法院已经依法受理的，不得申请行政复议
	复议期间行政行为的执行	行政复议期间行政行为不停止执行。但有下列情形之一的，应当停止执行： （1）被申请人认为需要停止执行的； （2）行政复议机关认为需要停止执行的； （3）申请人、第三人申请停止执行，行政复议机关认为其要求合理，决定停止执行的； （4）法律、法规、规章规定停止执行的

【要点 22】税务行政复议审理和决定（熟悉）

项目		内　　容
税务行政复议审理	复议机关审理行政复议案件	应当由 2 名以上行政复议工作人员参加（行政复议工作人员应当具备与履行行政复议职责相应的品行、专业知识和业务能力。税务机关中初次从事行政复议的人员，应当通过国家统一法律职业资格考试取得法律职业资格）
	审理方法	行政复议应当当面或者通过互联网、电话等方式听取当事人的意见，并将听取的意见记录在案；因当事人原因不能听取意见的，可以书面审理。审理重大、疑难、复杂的案件应当组织听证；复议机构认为有必要听证，或者申请人请求听证的，复议机构可以组织听证
	审查被申请人的具体行政行为时	认为其依据不合法，本机关有权处理的，应当在 30 日内依法处理
		无权处理的，应当在 7 日内转送有权处理的国家机关依法处理

续表

项目		内 容
税务行政复议审理		复议机关应当全面审查被申请人的行政行为所依据的事实证据、法律程序、法律依据和设定的权利义务内容的合法性、适当性
税务行政复议决定		复议机关审理税务复议案件，由复议机构对行政行为进行审查，提出意见，经复议机关的负责人同意或者集体讨论通过后，以复议机关的名义作出行政复议决定。 经过听证的税务行政复议案件，复议机关应当根据听证笔录、审查认定的事实和证据，作出行政复议决定
	作出行政复议决定的规定期限	复议机关应当自受理申请之日起 60 日内作出行政复议决定。 情况复杂、不能在规定期限内作出行政复议决定的，经复议机构负责人批准，可以适当延期，并书面告知当事人，但延期不得超过 30 日
	审理决定的形式和效力	复议机关作出行政复议决定，应当制作行政复议决定书，并加盖复议机关印章。行政复议决定书一经送达，即发生法律效力

第八章　劳动合同与社会保险法律制度

☞ 掌握劳动合同的订立、劳动合同的主要内容、劳动合同的履行和变更、劳动合同的解除和终止

☞ 掌握基本养老保险、基本医疗保险、工伤保险、失业保险、社会保险费征缴与管理

☞ 熟悉集体合同、劳务派遣、劳动争议的解决、违反劳动合同法律制度的法律责任

☞ 熟悉社会保险经办与管理、社会保险基金管理

【要点1】 劳动合同订立的主体与劳动关系建立的时间（掌握）

项目		内容
资格要求	劳动者	1. 禁止用人单位招用未满16周岁的未成年人。文艺、体育和特种工艺单位招用未满16周岁的未成年人，必须遵守国家有关规定，并保障其接受义务教育的权利。 2. 劳动者就业，不因民族、种族、性别、宗教信仰不同而受歧视。妇女享有与男子平等的就业权利。在录用职工时，除国家规定的不适合妇女的工种或者岗位外，不得以性别为由拒绝录用妇女或者提高对妇女的录用标准
	用人单位	用人单位设立的分支机构，依法取得营业执照或者登记证书的，可以作为用人单位与劳动者订立劳动合同；未依法取得营业执照或者登记证书的，受用人单位委托可以与劳动者订立劳动合同

续表

项目		内　　容
主体义务	劳动者	用人单位有权了解劳动者与劳动合同直接相关的基本情况，劳动者应当如实说明
	用人单位	1. 用人单位招用劳动者时，应当如实告知劳动者工作内容、工作条件、工作地点、职业危害、安全生产状况、劳动报酬，以及劳动者要求了解的其他情况。 2. 用人单位招用劳动者，不得扣押劳动者的居民身份证和其他证件，不得要求劳动者提供担保或者以其他名义向劳动者收取财物。 提示：用人单位以担保或者其他名义向劳动者收取财物的，由劳动行政部门责令限期退还劳动者本人，并以每人500元以上2000元以下的标准处以罚款；给劳动者造成损害的，应当承担赔偿责任
劳动关系建立的时间		用人单位自用工之日起即与劳动者建立劳动关系。用人单位与劳动者在用工前订立劳动合同的，劳动关系自用工之日起建立

【要点2】劳动合同订立的形式（掌握）

项目		内　容
书面形式	概念	建立劳动关系，应当订立书面劳动合同。已建立劳动关系，未同时订立书面劳动合同的，应当自用工之日起1个月内订立书面劳动合同

		情形		处理与后果
书面形式	签订	自用工之日起1个月内	经用人单位书面通知后，劳动者不与用人单位订立书面劳动合同	1. 用人单位应当书面通知劳动者终止劳动关系。 2. 用人单位无须向劳动者支付经济补偿，但是应当依法向劳动者支付其实际工作时间的劳动报酬
		自用工之日起超过1个月不满1年	用人单位未与劳动者订立书面劳动合同	用人单位应当向劳动者每月支付2倍的工资，并与劳动者补订书面劳动合同。每月支付2倍工资的起算时间为用工之日起满1个月的次日，截止时间为补订书面劳动合同的前一日。

续表

项目		内　　容	
		情形	处理与后果
书面形式	签订	自用工之日起超过1个月不满1年	用人单位未与劳动者订立书面劳动合同	提示：劳动者不与用人单位订立书面劳动合同的，用人单位应当书面通知劳动者终止劳动关系，并支付经济补偿
		自用工之日起满1年	用人单位未与劳动者订立书面劳动合同	1. 自用工之日起满1个月的次日至满1年的前一日（共11个月）应当向劳动者每月支付2倍的工资。 2. 视为自用工之日起满1年的当日已经与劳动者订立无固定期限劳动合同，应当立即与劳动者补订书面劳动合同
口头形式	概念	非全日制用工双方当事人可以订立口头协议。非全日制用工，是指以小时计酬为主，劳动者在同一用人单位一般平均每日工作时间不超过4小时，每周工作时间累计不超过24小时的用工形式	

续表

项目		内　　容
口头 形式	特殊 规定	1. 从事非全日制用工的劳动者可以与一个或者一个以上用人单位订立劳动合同；但是，后订立的劳动合同不得影响先订立的劳动合同的履行。 2. 非全日制用工双方当事人不得约定试用期。 3. 非全日制用工双方当事人任何一方都可以随时通知对方终止用工。终止用工，用人单位不向劳动者支付经济补偿。 4. 非全日制用工小时计酬标准不得低于用人单位所在地人民政府规定的最低小时工资标准。用人单位可以按小时、日或周为单位结算工资，但非全日制用工劳动报酬结算支付周期最长不得超过 15 日

【要点3】劳动合同的效力（掌握）

项目	内　　容
劳动合同有效	劳动合同经用人单位与劳动者在劳动合同文本上签字或者盖章生效。劳动合同文本由用人单位和劳动者各执一份
劳动合同无效或者部分无效	1. 以欺诈、胁迫的手段或者乘人之危，使对方在违背真实意思的情况下订立或者变更劳动合同的。 2. 用人单位免除自己的法定责任、排除劳动者权利的。 3. 违反法律、行政法规强制性规定的。 *提示：无效劳动合同，从订立时起就没有法律约束力。劳动合同部分无效，不影响其他部分效力的，其他部分仍然有效*

【要点4】劳动合同的主要内容（掌握）

劳动合同的主要内容
- 必备条款
  - 用人单位的名称、住所和法定代表人或者主要负责人
  - 劳动者的姓名、住址和居民身份证或者其他有效身份证件号码
  - 劳动合同期限
  - 工作内容和工作地点
  - 工作时间和休息、休假
  - 劳动报酬
  - 社会保险
  - 劳动保护、劳动条件和职业危害防护
  - 法律、法规规定应当纳入劳动合同的其他事项
- 可备条款
  - 试用期
  - 服务期
  - 保守商业秘密和竞业限制

1. 应当订立无固定期限劳动合同的情形。

（1）劳动者在该用人单位连续工作满10年的。

（2）用人单位初次实行劳动合同制度或者国有企业改制重新订立劳动合同时，劳动者在该用人单位连续工作满10年且距法定退休年龄不足10年的。

（3）连续订立2次固定期限劳动合同，且劳动者没有法律法规规定的情形，续订劳动合同的。

2. 年休假。

（1）年休假天数。

职工累计工作年限	年休假天数	①国家法定休假日、休息日不计入年休假的假期。 ②年休假在1个年度内可以集中安排，也可以分段安排，一般不跨年度安排。 ③单位因生产、工作特点确有必要跨年度安排职工年休假的，可以跨1个年度安排
已满1年不满10年	5天	
已满10年不满20年	10天	
已满20年	15天	

（2）不享受当年年休假的情形。

①职工依法享受寒暑假，其休假天数多于年休假天数的。

②职工请事假累计20天以上且单位按照规定不扣工资的。

③累计工作满 1 年不满 10 年的职工，请病假累计 2 个月以上的。

④累计工作满 10 年不满 20 年的职工，请病假累计 3 个月以上的。

⑤累计工作满 20 年以上的职工，请病假累计 4 个月以上的。

3. 法定标准工作时间外的工资支付（加班工资）。

情形	支付标准
用人单位依法安排劳动者在日标准工作时间以外延长工作时间的	按照不低于劳动合同规定的劳动者本人小时工资标准的 150% 支付劳动者工资
用人单位依法安排劳动者在休息日工作，而又不能安排补休的	按照不低于劳动合同规定的劳动者本人日或小时工资标准的 200% 支付劳动者工资
用人单位依法安排劳动者在法定休假节日工作的	按照不低于劳动合同规定的劳动者本人日或小时工资标准的 300% 支付劳动者工资

4. 最低工资制度。

项目	内 容
制定	最低工资的具体标准由省、自治区、直辖市人民政府规定，报国务院备案
内容	最低工资不包括延长工作时间的工资报酬，以货币形式支付的住房补贴和用人单位支付的伙食补贴，中班、夜班、高温、低温、井下、有毒、有害等特殊工作环境和劳动条件下的津贴，国家法律、法规、规章规定的社会保险福利待遇
执行	1. 劳动合同履行地与用人单位注册地不一致的，有关劳动者的最低工资标准、劳动保护、劳动条件、职业危害防护和本地区上年度职工月平均工资标准等事项，按照劳动合同履行地的有关规定执行。 2. 用人单位注册地的有关标准高于劳动合同履行地的有关标准，且用人单位与劳动者约定按照用人单位注册地的有关规定执行的，从其约定
经济损失的赔偿	用人单位可以要求劳动者赔偿的经济损失，可从劳动者本人的工资中扣除。但每月扣除的部分不得超过劳动者当月工资的 20%。若扣除后的剩余工资部分低于当地月最低工资标准，则按最低工资标准支付

续表

项目	内 容
支付	用人单位低于当地最低工资标准支付劳动者工资的，由劳动行政部门责令限期支付其差额部分；逾期不支付的，责令用人单位按应付金额50%以上100%以下的标准向劳动者加付赔偿金

5. 试用期。

情形	试用期期限
3 个月≤劳动合同期限＜1 年	不得超过 1 个月
1 年≤劳动合同期限＜3 年	不得超过 2 个月
劳动合同期限≥3 年	不得超过 6 个月
无固定期限的劳动合同	

续表

提示：（1）劳动者在试用期的工资不得低于本单位相同岗位最低档工资或者劳动合同约定工资（试用期满后的工资）的80%，并不得低于用人单位所在地的最低工资标准。（2）同一用人单位与同一劳动者只能约定一次试用期。（3）以完成一定工作任务为期限的劳动合同或劳动合同期限不满3个月的，不得约定试用期

6. 服务期。

项目	内　　容
劳动者需要支付违约金的情形	（1）严重违反用人单位的规章制度的；（2）严重失职，营私舞弊，给用人单位造成重大损害的；（3）同时与其他用人单位建立劳动关系，对完成本单位的工作任务造成严重影响，或者经用人单位提出，拒不改正的；（4）以欺诈、胁迫的手段或者乘人之危，使用人单位在违背真实意思的情况下订立或者变更劳动合同的；（5）被依法追究刑事责任的

续表

项目	内　　容
劳动者不需要支付违约金的情形	（1）用人单位未按照劳动合同约定提供劳动保护或者劳动条件的；（2）用人单位未及时足额支付劳动报酬的；（3）用人单位未依法为劳动者缴纳社会保险费的；（4）用人单位的规章制度违反法律、法规的规定，损害劳动者权益的；（5）用人单位以欺诈、胁迫的手段或者乘人之危，使劳动者在违背真实意思的情况下订立或者变更劳动合同致使劳动合同无效的；（6）用人单位在劳动合同中免除自己的法定责任、排除劳动者权利的；（7）用人单位违反法律、行政法规强制性规定的；（8）法律、行政法规规定劳动者可以解除劳动合同的其他情形
违约金	违约金的数额不得超过用人单位提供的培训费用。用人单位要求劳动者支付的违约金不得超过服务期尚未履行部分所应分摊的培训费用

7. 竞业限制。

项目	内　容
限制对象	高级管理人员、高级技术人员和其他负有保密义务的人员（不是所有的劳动者）
限制期限	在解除或者终止劳动合同后，竞业限制人员到与本单位生产或者经营同类产品、从事同类业务的有竞争关系的其他用人单位工作，或者自己开业生产或者经营同类产品、从事同类业务的竞业限制期限，不得超过2年
经济补偿金	当事人在劳动合同或者保密协议中约定了竞业限制，但未约定解除或者终止劳动合同后给予劳动者经济补偿，劳动者履行了竞业限制义务，要求用人单位按照劳动者在劳动合同解除或者终止前12个月平均工资的30%（月平均工资的30%低于劳动合同履行地最低工资标准的，按照劳动合同履行地最低工资标准支付）按月支付经济补偿的，人民法院应予支持
限制解除	（1）在竞业限制期限内，用人单位请求解除竞业限制协议的，人民法院应予支持。在解除竞业限制协议时，劳动者请求用人单位额外支付劳动者3个月的竞业限制经济补偿的，人民法院应予支持。 （2）因用人单位的原因导致3个月未支付经济补偿，劳动者请求解除竞业限制约定的，人民法院应予支持

【要点5】 劳动合同的履行和变更（掌握）

项目		内　　容
履行	概念	劳动合同的履行是指劳动合同生效后，当事人双方按照劳动合同的约定，完成各自承担的义务和实现各自享受的权利，使当事人双方订立合同的目的得以实现的法律行为
	内容	1. 用人单位与劳动者应当按照劳动合同的约定，全面履行各自的义务。 2. 用人单位应当依法建立和完善劳动规章制度，保障劳动者享有劳动权利、履行劳动义务
变更	概念	劳动合同的变更是指劳动合同依法订立后，在合同尚未履行或者尚未履行完毕之前，经用人单位和劳动者双方当事人协商同意，对劳动合同内容作部分修改、补充或者删减的法律行为。 提示：劳动合同的变更是对原合同内容的修改、补充或者删减，而不是签订新的劳动合同

续表

项目		内　容
变更	内容	1. 用人单位与劳动者协商一致，可以变更劳动合同约定的内容。变更劳动合同，应当采用书面形式。变更后的劳动合同文本由用人单位和劳动者各执一份。 2. 用人单位与劳动者协商一致变更劳动合同，虽未采用书面形式，但已经实际履行了口头变更的劳动合同超过1个月，变更后的劳动合同内容不违反法律、行政法规且不违背公序良俗，当事人以未采用书面形式为由主张劳动合同变更无效的，人民法院不予支持

【要点6】劳动者单方解除劳动合同的情形（掌握）

类型	情　　　形	用人单位是否支付经济补偿
提前通知解除劳动合同	1. 劳动者提前30日以书面形式通知用人单位的。 2. 劳动者在试用期内提前3日通知用人单位的	否
随时通知解除劳动合同	1. 用人单位未按照劳动合同约定提供劳动保护或者劳动条件的。 2. 用人单位未及时足额支付劳动报酬的。 3. 用人单位未依法为劳动者缴纳社会保险费的。 4. 用人单位的规章制度违反法律、法规的规定，损害劳动者权益的。 5. 用人单位以欺诈、胁迫的手段或者乘人之危，使劳动者在违背真实意思的情况下订立或者变更劳动合同致使劳动合同无效的。 6. 用人单位在劳动合同中免除自己的法定责任、排除劳动者权利的。 7. 用人单位违反法律、行政法规强制性规定的。 8. 法律、行政法规规定劳动者可以解除劳动合同的其他情形	是
不需事先告知即可解除	1. 用人单位以暴力、威胁或者非法限制人身自由的手段强迫劳动者劳动的。 2. 用人单位违章指挥、强令冒险作业危及劳动者人身安全的	是

【要点7】用人单位可单方解除劳动合同的情形（掌握）

类型	情　　形	用人单位是否支付经济赔偿
因劳动者过错（随时通知解除）	1. 劳动者在试用期间被证明不符合录用条件的。 2. 劳动者严重违反用人单位的规章制度的。 3. 劳动者严重失职，营私舞弊，给用人单位造成重大损害的。 4. 劳动者同时与其他用人单位建立劳动关系，对完成本单位的工作任务造成严重影响，或者经用人单位提出，拒不改正的。 5. 劳动者以欺诈、胁迫的手段或者乘人之危，使用人单位在违背真实意思的情况下订立或者变更劳动合同致使劳动合同无效的。 6. 劳动者被依法追究刑事责任的	否
无过失性辞退（预告解除）	1. 劳动者患病或者非因工负伤，在规定的医疗期满后不能从事原工作，也不能从事由用人单位另行安排的工作的。 2. 劳动者不能胜任工作，经过培训或者调整工作岗位，仍不能胜任工作的。 3. 劳动合同订立时所依据的客观情况发生重大变化，致使劳动合同无法履行，经用人单位与劳动者协商，未能就变更劳动合同内容达成协议的	是

续表

类型	情　　形	用人单位是否支付经济赔偿
经济性裁员（裁员解除）	1. 依照《企业破产法》规定进行重整的。 2. 生产经营发生严重困难的。 3. 企业转产、重大技术革新或者经营方式调整，经变更劳动合同后，仍需减减人员的。 4. 其他因劳动合同订立时所依据的客观经济情况发生重大变化，致使劳动合同无法履行的	是

学习心得 --

【要点8】劳动合同的终止（掌握）

项目	内　　容
概念	劳动合同的终止是指用人单位与劳动者之间的劳动关系因某种法律事实的出现而自动归于消灭，或导致劳动关系的继续履行成为不可能而不得不消灭的情形
终止的情形	1. 劳动合同期满的。 2. 劳动者开始依法享受基本养老保险待遇的。 3. 劳动者达到法定退休年龄的。 4. 劳动者死亡，或者被人民法院宣告死亡或者宣告失踪的。 5. 用人单位被依法宣告破产的。 6. 用人单位被吊销营业执照、责令关闭、撤销或者用人单位决定提前解散的。 7. 法律、行政法规规定的其他情形

【要点9】劳动合同解除和终止的经济补偿（掌握）

概念	按照劳动合同法律制度的规定，在劳动者无过错的情况下，用人单位与劳动者解除或者终止劳动合同时，应给予劳动者的经济上的补助，也称经济补偿金
应当支付经济补偿的情形	1. 劳动者符合随时通知解除和不需事先通知即可解除劳动合同规定情形而解除劳动合同的； 2. 由用人单位提出解除劳动合同并与劳动者协商一致而解除劳动合同的； 3. 用人单位符合提前30日以书面形式通知劳动者本人或者额外支付劳动者1个月工资后，可以解除劳动合同的规定情形而解除劳动合同的； 4. 用人单位符合可裁减人员规定而解除劳动合同的； 5. 除用人单位维持或者提高劳动合同约定条件续订劳动合同，劳动者不同意续订的情形外，劳动合同期满终止固定期限劳动合同的； 6. 用人单位被依法宣告破产或者被吊销营业执照、责令关闭、撤销或者用人单位决定提前解散而终止劳动合同的； 7. 以完成一定工作任务为期限的劳动合同因任务完成而终止的； 8. 法律、行政法规规定的其他情形

计算	经济补偿金 = 劳动合同解除或者终止前劳动者在本单位的工作年限 × 每工作 1 年应得的经济补偿
计算标准	1. 年限：每满 1 年支付 1 个月工资的标准向劳动者支付；6 个月以上不满 1 年的，按 1 年计算；不满 6 个月的，向劳动者支付半个月工资的经济补偿。劳动者非因本人原因从原用人单位被安排到新用人单位工作的，劳动者在原用人单位的工作年限合并计入新用人单位的工作年限。 2. 基数：月工资是指劳动者在劳动合同解除或者终止前 12 个月的平均工资。劳动者在劳动合同解除或者终止前 12 个月的平均工资低于当地最低工资标准的，按照当地最低工资标准计算。劳动者月工资高于用人单位所在直辖市、设区的市级人民政府公布的本地区上年度职工月平均工资 3 倍的，向其支付经济补偿的标准按职工月平均工资 3 倍的数额支付，向其支付经济补偿的年限最高不超过 12 年。 提示：2008 年 1 月 1 日已存续的劳动合同，经济补偿的计发办法分两段计算。2008 年 1 月 1 日前的，按当时当地的有关规定执行；2008 年 1 月 1 日以后的，按新法执行，两段补偿合并计算

【要点10】劳动合同解除和终止的限制性规定和双方义务（掌握）

项目	内 容
限制性规定	劳动者有下列情形之一的，用人单位既不得适用无过失性辞退或经济性裁员解除劳动合同的情形解除劳动合同，也不得终止劳动合同，劳动合同应当续延至相应的情形消失时终止： （1）从事接触职业病危害作业的劳动者未进行离岗前职业健康检查，或者疑似职业病病人在诊断或者医学观察期间的。 （2）在本单位患职业病或者因工负伤并被确认丧失或者部分丧失劳动能力的。 （3）患病或者非因工负伤，在规定的医疗期内的。 （4）女职工在孕期、产期、哺乳期的。 （5）在本单位连续工作满15年，且距法定退休年龄不足5年的。 （6）法律、行政法规规定的其他情形。 提示：若符合因劳动者过错解除劳动合同的情形，则不受上述限制性规定的影响

续表

项目	内　　容
双方义务	1. 劳动者：劳动者违反《劳动合同法》规定解除劳动合同，给用人单位造成损失的，应当承担赔偿责任。 2. 用人单位：（1）用人单位应当在解除或者终止劳动合同时出具解除或者终止劳动合同的证明，并在 15 日内为劳动者办理档案和社会保险关系转移手续。 （2）用人单位应当在解除或者终止劳动合同时向劳动者支付经济补偿的，用人单位未依法支付的，由劳动行政部门责令限期支付经济补偿；逾期不支付的，责令用人单位按应付金额 50% 以上 100% 以下的标准向劳动者加付赔偿金。 （3）用人单位违反规定解除或者终止劳动合同，劳动者要求继续履行劳动合同已的，用人单位应当继续履行；劳动者不要求继续履行劳动合同或者劳动合同已经不能继续履行的，用人单位应当依照《劳动合同法》规定的经济补偿标准的 2 倍向劳动者支付赔偿金。用人单位支付了赔偿金的，不再支付经济补偿。赔偿金的计算年限自用工之日起计算

【要点 11】集体合同（熟悉）

项目	内　　容
概念	集体合同是工会代表企业职工一方与企业签订的以劳动报酬、工作时间、休息休假、劳动安全卫生、保险福利等为主要内容的书面协议
种类	1. 专项集体合同：企业职工一方与用人单位可以订立劳动安全卫生、女职工权益保护、工资调整机制等专项集体合同。 2. 行业性集体合同、区域性集体合同：在县级以下区域内，建筑业、采矿业、餐饮服务业等行业可以由工会与企业方面代表订立行业性集体合同，或者订立区域性集体合同
订立	1. 集体合同内容由用人单位和职工各自派出集体协商代表，通过集体协商（会议）的方式协商确定。集体协商双方的代表人数应当对等，每方至少 3 人，并各确定 1 名首席代表。 2. 经双方协商代表协商一致的集体合同草案或专项集体合同草案应当提交职工代表大会或者全体职工讨论。职工代表大会或者全体职工讨论集体合同草案，应当有 2/3 以上职工代表或者职工出席，且须经全体职工代表半数以上或者全体职工半数以上同意，方获通过。

续表

项目	内　　容
订立	3. 集体合同订立后，应当报送劳动行政部门；劳动行政部门自收到集体合同文本之日起 15 日内未提出异议的，集体合同即行生效
纠纷和法律救济	用人单位违反集体合同，侵犯职工劳动权益的，工会可以依法要求用人单位承担责任；因履行集体合同发生争议，经协商解决不成的，工会可以依法申请仲裁、提起诉讼

学习心得

【要点12】劳务派遣的概念、特征和适用范围（熟悉）

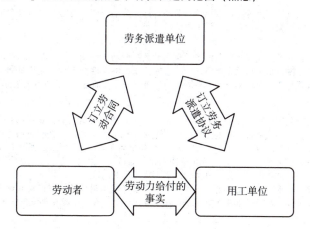

项目	内　　容
概念	劳务派遣是指由劳务派遣单位与劳动者订立劳动合同，与用工单位订立劳务派遣协议，将被派遣劳动者派往用工单位给付劳务
特征	劳动合同关系存在于劳务派遣单位与被派遣劳动者之间，但劳动力给付的事实则发生于被派遣员工与用工单位之间，也即劳动力的雇佣与劳动力使用分离，被派遣劳动者不与用工单位签订劳动合同、发生劳动关系，而是与派遣单位存在劳动关系
适用范围	劳动合同用工是我国企业的基本用工形式，劳务派遣用工是补充形式，只能在临时性、辅助性或者替代性的工作岗位上实施。（1）临时性工作岗位是指存续时间不超过6个月的岗位；（2）辅助性工作岗位是指为主营业务岗位提供服务的非主营业务岗位；（3）替代性工作岗位是指用工单位的劳动者因脱产学习、休假等原因无法工作的一定期间内，可以由其他劳动者替代工作的岗位。 提示：被派遣劳动者享有与用工单位的劳动者同工同酬的权利；被派遣劳动者有权在劳务派遣单位或者用工单位依法参加或者组织工会，维护自身的合法权益

【要点13】劳动争议的解决（熟悉）

1. 劳动争议及解决方法。

项目	内　容
劳动争议概念	劳动争议是指劳动关系当事人之间因实现劳动权利、履行劳动义务发生分歧而引起的争议。包括： （1）因确认劳动关系发生的争议。 （2）因订立、履行、变更、解除和终止劳动合同发生的争议。 （3）因除名、辞退和辞职、离职发生的争议。 （4）因工作时间、休息休假、社会保险、福利、培训以及劳动保护发生的争议。 （5）因劳动报酬、工伤医疗费、经济补偿或者赔偿金等发生的争议。 （6）法律、法规规定的其他劳动争议
	不属于劳动争议的： （1）劳动者请求社会保险经办机构发放社会保险金的纠纷。 （2）劳动者与用人单位因住房制度改革产生的公有住房转让纠纷。

续表

项目	内　　容
劳动争议概念	（3）劳动者对劳动能力鉴定委员会的伤残等级鉴定结论或者对职业病诊断鉴定委员会的职业病诊断鉴定结论的异议纠纷。 （4）家庭或者个人与家政服务人员之间的纠纷。 （5）个体工匠与帮工、学徒之间的纠纷。 （6）农村承包经营户与受雇人之间的纠纷
劳动争议的解决方法	协商、调解、仲裁和诉讼
举证责任	发生劳动争议，当事人对自己提出的主张，有责任提供证据。 与争议事项有关的证据属于用人单位掌握管理的，用人单位应当提供；用人单位不提供的，应当承担不利后果。 在法律没有具体规定，按照上述原则也无法确定举证责任承担时，仲裁庭可以根据公平原则和诚实信用原则，综合当事人举证能力等因素确定举证责任的承担

2. 劳动调解。

项目	内　　容
劳动争议调解组织	（1）企业劳动争议调解委员会。企业劳动争议调解委员会由职工代表和企业代表组成。职工代表由工会成员担任或者由全体职工推举产生，企业代表由企业负责人指定。企业劳动争议调解委员会主任由工会成员或者双方推举的人员担任。 （2）依法设立的基层人民调解组织。 （3）在乡镇、街道设立的具有劳动争议调解职能的组织
劳动调解程序	（1）当事人申请劳动争议调解可以书面申请，也可以口头申请。口头申请的，调解组织应当当场记录申请人基本情况、申请调解的争议事项、理由和时间。 （2）调解劳动争议，应当充分听取双方当事人对事实和理由的陈述，耐心疏导，帮助其达成协议。 （3）经调解达成协议的，应当制作调解协议书。调解协议书由双方当事人签名或者盖章，经调解员签名并加盖调解组织印章后生效。调解协议书对双方当事人具有约束力，当事人应当履行。自劳动争议调解组织收到调解申请之日起15日内未达成调解协议的，当事人可以依法申请仲裁。

续表

项目	内　　容
劳动调解程序	(4) 达成调解协议后，一方当事人在协议约定期限内不履行调解协议的，另一方当事人可以依法申请仲裁。因支付拖欠劳动报酬、工伤医疗费、经济补偿或者赔偿金事项达成调解协议，用人单位在协议约定期限内不履行的，劳动者可以持调解协议书依法向人民法院申请支付令。人民法院应当依法发出支付令

3. 劳动仲裁。

项目	内　　容
劳动仲裁机构	劳动仲裁机构是劳动人事争议仲裁委员会，仲裁委员会不按行政区划层层设立。 劳动争议仲裁不收费。仲裁委员会的经费由财政予以保障

续表

项目	内　　容
劳动仲裁参加人	（1）当事人。 发生劳动争议的劳动者和用人单位为劳动争议仲裁案件的双方当事人。 劳务派遣单位或者用工单位与劳动者发生劳动争议的，劳务派遣单位和用工单位为共同当事人。 劳动者与个人承包经营者发生争议，依法向仲裁委员会申请仲裁的，应当将发包的组织和个人承包经营者作为共同当事人。 发生争议的用人单位未办理营业执照、被吊销营业执照、营业执照到期继续经营、被责令关闭、被撤销以及用人单位解散、歇业，不能承担相关责任的，应当将用人单位和其出资人、开办单位或者主管部门作为共同当事人
	（2）当事人代表。 发生争议的劳动者一方在10人以上，并有共同请求的，劳动者可以推举3～5名代表人参加仲裁活动。 因履行集体合同发生的劳动争议，经协商解决不成的，工会可以依法申请仲裁；尚未建立工会的，由上级工会指导劳动者推举产生的代表依法申请仲裁。

续表

项目	内　容
劳动仲裁参加人	代表人参加仲裁的行为对其所代表的当事人发生效力，但代表人变更、放弃仲裁请求或者承认对方当事人的仲裁请求，进行和解，必须经被代表的当事人同意
	（3）第三人。 与劳动争议案件的处理结果有利害关系的第三人，可以申请参加仲裁活动或者由仲裁委员会通知其参加仲裁活动
	（4）代理人。 当事人可以委托代理人参加仲裁活动。委托他人参加仲裁活动，应当向仲裁委员会提交有委托人签名或者盖章的委托书，委托书应当载明委托事项和权限。 丧失或者部分丧失民事行为能力的劳动者，由其法定代理人代为参加仲裁活动；无法定代理人的，由仲裁委员会为其指定代理人。劳动者死亡的，由其近亲属或者代理人参加仲裁活动

续表

项目	内　　容
劳动争议仲裁案件的管辖	仲裁委员会负责管辖本区域内发生的劳动争议。劳动争议由劳动合同履行地或者用人单位所在地的仲裁委员会管辖。 双方当事人分别向劳动合同履行地和用人单位所在地的仲裁委员会申请仲裁的，由劳动合同履行地的仲裁委员会管辖。有多个劳动合同履行地的，由最先受理的仲裁委员会管辖。劳动合同履行地不明确的，由用人单位所在地的仲裁委员会管辖。 案件受理后，劳动合同履行地或者用人单位所在地发生变化的，不改变争议仲裁的管辖
劳动仲裁申请和受理	(1) 仲裁时效。 ①劳动争议申请仲裁的时效期间为1年。仲裁时效期间从当事人知道或者应当知道其权利被侵害之日起计算。劳动关系存续期间因拖欠劳动报酬发生争议的，劳动者申请仲裁不受1年仲裁时效期间的限制；但是，劳动关系终止的，应当自劳动关系终止之日起1年内提出。 ②仲裁时效的中断。劳动仲裁时效，因当事人一方向对方当事人主张权利（即一方当事人通过协商、申请调解等方式向对方当事人主张权利的）；或者向有关部门请求权利救济（即一方当事人通过向有关部门投诉，向仲裁委员会申请仲裁，向人民法院起诉或者申请支付令等方式请求权利救济的）；

续表

项　目	内　　容
劳动仲裁申请和受理	或者对方当事人同意履行义务而中断。 从中断时起，仲裁时效期间重新计算。 ③仲裁时效的中止。因不可抗力或者有其他正当理由（无民事行为能力或者限制民事行为能力劳动者的法定代理人未确定等），当事人不能在仲裁时效期间申请仲裁的，仲裁时效中止。 从中止时效的原因消除之日起，仲裁时效期间继续计算
	（2）仲裁申请。 申请人申请仲裁应当提交书面仲裁申请，并按照被申请人人数提交副本。书写仲裁申请确有困难的，可以口头申请，由仲裁委员会记入笔录，经申请人签名、盖章或者捺印确认
	（3）仲裁受理。 仲裁委员会收到仲裁申请之日起 5 日内，认为符合受理条件的，应当予以受理，并向申请人出具受理通知书；认为不符合受理条件的，向申请人出具不予受理通知书。 对仲裁委员会逾期未作出决定或者决定不予受理的，申请人可以就该争议事项向人民法院提起诉讼

续表

项目	内 容
劳动仲裁开庭	（1）仲裁基本制度。 ①先行调解原则。仲裁庭在作出裁决前，应当先行调解。调解达成协议的，仲裁庭应当制作调解书。调解书经双方当事人签收后，发生法律效力。 ②仲裁公开原则及例外。劳动争议仲裁公开进行，但当事人协议不公开或者涉及商业秘密和个人隐私的，经相关当事人书面申请，仲裁委员会应当不公开审理。 ③仲裁庭制度。仲裁委员会裁决劳动争议案件实行仲裁庭制度。仲裁庭由3名仲裁员组成，设首席仲裁员。简单劳动争议案件可以由1名仲裁员独任仲裁。 ④回避制度。仲裁员有下列情形之一的，应当回避，当事人也有权以口头或者书面方式提出回避申请：a. 是本案当事人或者当事人、代理人的近亲属的；b. 与本案有利害关系的；c. 与本案当事人、代理人有其他关系，可能影响公正裁决的；d. 私自会见当事人、代理人，或者接受当事人、代理人请客送礼的

项目	内　容
劳动仲裁开庭	（2）仲裁开庭程序。 仲裁委员会应当在受理仲裁申请之日起5日内组成仲裁庭，并将仲裁庭的组成情况书面通知当事人。 申请人收到书面开庭通知，无正当理由拒不到庭或者未经仲裁庭同意中途退庭的，可以按撤回仲裁申请处理；申请人重新申请仲裁的，仲裁委员会不予受理。被申请人收到书面开庭通知，无正当理由拒不到庭或者未经仲裁庭同意中途退庭的，仲裁庭可以继续开庭审理，并缺席裁决。 开庭审理中，仲裁员应当听取申请人的陈述和被申请人的答辩，主持庭审调查、质证和辩论、征询当事人最后意见，并进行调解。 仲裁庭裁决劳动争议案件，应当自仲裁委员会受理仲裁申请之日起45日内结束。案情复杂需要延期的，经仲裁委员会主任批准，可以延期并书面通知当事人，但是延长期限不得超过15日。逾期未作出仲裁裁决的，当事人可以就该劳动争议事项向人民法院提起诉讼。 提示：劳动争议仲裁中的"3日""5日""10日"指工作日，"15日""45日"指自然日

续表

项目	内　容
劳动仲裁裁决	（1）裁决的规则。 裁决应当按照多数仲裁员的意见作出，少数仲裁员的不同意见应当记入笔录。仲裁庭不能形成多数意见时，裁决应当按照首席仲裁员的意见作出。 裁决书应当载明仲裁请求、争议事实、裁决理由、裁决结果、当事人权利和裁决日期。裁决书由仲裁员签名，加盖劳动争议仲裁委员会印章。对裁决持不同意见的仲裁员，可以签名，也可以不签名。 仲裁庭裁决劳动争议案件时，其中一部分事实已经清楚，可以就该部分先行裁决 （2）一裁终局的案件。 下列劳动争议，除《调解仲裁法》另有规定外，仲裁裁决为终局裁决，裁决书自作出之日起发生法律效力： ①追索劳动报酬、工伤医疗费、经济补偿或者赔偿金，不超过当地月最低工资标准12个月金额的争议。如果仲裁裁决涉及数项，对单项裁决数额不超过当地月最低工资标准12个月金额的事项，应当适用终局裁决。 上述经济补偿包括《劳动合同法》规定的竞业限制期限内给予的经济补偿、

续表

项目	内　　容
	解除或者终止劳动合同的经济补偿等；赔偿金包括《劳动合同法》规定的未签订书面劳动合同的赔偿金、违法约定试用期的赔偿金、违法解除或者终止劳动合同的赔偿金等。 ②因执行国家的劳动标准在工作时间、休息休假、社会保险等方面发生的争议。 仲裁庭裁决案件时，裁决内容同时涉及终局裁决和非终局裁决的，应当分别制作裁决书，并告知当事人相应的救济权利
劳动仲裁裁决	（3）仲裁裁决的撤销。 用人单位有证据证明上述一裁终局的裁决有下列情形之一，可以自收到仲裁裁决书之日起 30 日内向仲裁委员会所在地的中级人民法院申请撤销裁决： ①适用法律、法规确有错误的； ②劳动争议仲裁委员会无管辖权的； ③违反法定程序的； ④裁决所根据的证据是伪造的； ⑤对方当事人隐瞒了足以影响公正裁决的证据的； ⑥仲裁员在仲裁该案时有索贿受贿、徇私舞弊、枉法裁决行为的

续表

项目	内容
劳动仲裁执行	（1）仲裁庭对追索劳动报酬、工伤医疗费、经济补偿或者赔偿金的案件，根据当事人的申请，可以裁决先予执行，移送人民法院。 仲裁庭裁决先予执行的，应当符合下列条件：①当事人之间权利义务关系明确；②不先予执行将严重影响申请人的生活。劳动者申请先予执行的，可以不提供担保
	（2）当事人对发生法律效力的调解书、裁决书，应当依照规定的期限履行。一方当事人逾期不履行的，另一方当事人可以依照《民事诉讼法》的有关规定向人民法院申请执行。受理申请的人民法院应当依法执行
	（3）当事人申请人民法院执行劳动争议仲裁机构作出的发生法律效力的裁决书、调解书，被申请人提出证据证明劳动争议仲裁裁决书、调解书有下列情形之一，并经审查核实的，人民法院可以裁定不予执行：①裁决的事项不属于劳动争议仲裁范围，或者劳动争议仲裁机构无权仲裁的；②适用法律、法规确有错误的；③违反法定程序的；④裁决所根据的证据是伪造的；⑤对方当事人隐瞒了足以影响公正裁决的证据的；⑥仲裁员在仲裁该案时有索贿受贿、徇私舞弊、枉法裁决行为的；⑦人民法院认定执行该劳动争议仲裁裁决违背社会公共利益的。人民法院在不予执行的裁定书中，应当告知当事人在收到裁定书之次日起30日内，可以就该劳动争议事项向人民法院提起诉讼

4. 劳动诉讼。

项　目	内　　容
劳动诉讼的提起	（1）对仲裁委员会不予受理或者逾期未作出决定的，申请人可以就该劳动争议事项向人民法院提起诉讼。 （2）劳动者对劳动争议的终局裁决不服的，可以自收到仲裁裁决书之日起15日内向人民法院提起诉讼。 （3）当事人对终局裁决情形之外的其他劳动争议案件的仲裁裁决不服的，可以自收到仲裁裁决书之日起15日内提起诉讼。 （4）终局裁决被人民法院裁定撤销的，当事人可以自收到裁定书之日起15日内就该劳动争议事项向人民法院提起诉讼
劳动诉讼程序	劳动诉讼依照《民事诉讼法》的规定执行

【要点 14】违反劳动合同法律制度的法律责任（熟悉）

项目	内　容
用人单位违反《劳动合同法》的法律责任	1. 用人单位规章制度违反法律规定的法律责任。 （1）用人单位直接涉及劳动者切身利益的规章制度违反法律、法规规定的，由劳动行政部门责令改正，给予警告；给劳动者造成损害的，应当承担赔偿责任。 （2）用人单位违反《劳动合同法》有关建立职工名册规定的，由劳动行政部门责令限期改正；逾期不改正的，由劳动行政部门处 2 000 元以上 2 万元以下的罚款
	2. 用人单位订立劳动合同违反法律规定的法律责任。 （1）用人单位提供的劳动合同文本未载明劳动合同必备条款或者用人单位未将劳动合同文本交付劳动者的，由劳动行政部门责令改正；给劳动者造成损害的，应当承担赔偿责任。 （2）用人单位自用工之日起超过 1 个月不满 1 年未与劳动者订立书面劳动合同的，应当向劳动者每月支付 2 倍的工资。 （3）用人单位违反《劳动合同法》规定不与劳动者订立无固定期限劳动合同的，自应当订立无固定期限劳动合同之日起向劳动者每月支付 2 倍的工资。

项目	内　　容
用人单位违反《劳动合同法》的法律责任	（4）用人单位违反《劳动合同法》规定与劳动者约定试用期的，由劳动行政部门责令改正；违法约定的试用期已经履行的，由用人单位以劳动者试用期满月工资为标准，按已经履行的超过法定试用期的期间向劳动者支付赔偿金。 （5）用人单位违反《劳动合同法》规定，扣押劳动者居民身份证等证件的，由劳动行政部门责令限期退还劳动者本人，并依照有关法律规定给予处罚。 （6）用人单位违反《劳动合同法》规定，以担保或者其他名义向劳动者收取财物的，由劳动行政部门责令限期退还劳动者本人，并以每人500元以上2 000元以下的标准处以罚款；给劳动者造成损害的，应当承担赔偿责任。 （7）劳动合同依照法律规定被确认无效，给劳动者造成损害的，用人单位应当承担赔偿责任
	3. 用人单位履行劳动合同违反法律规定的法律责任。 （1）用人单位有下列情形之一的，依法给予行政处罚；构成犯罪的，依法追究刑事责任；给劳动者造成损害的，应当承担赔偿责任： ①以暴力、威胁或者非法限制人身自由的手段强迫劳动的； ②违章指挥或者强令冒险作业危及劳动者人身安全的； ③侮辱、体罚、殴打、非法搜查或者拘禁劳动者的；

项　目	内　　容
用人单位违反《劳动合同法》的法律责任	④劳动条件恶劣、环境污染严重，给劳动者身心健康造成严重损害的。 （2）用人单位有下列情形之一的，由劳动行政部门责令限期支付劳动报酬、加班费；劳动报酬低于当地最低工资标准的，应当支付其差额部分；逾期不支付的，责令用人单位按应付金额50%以上100%以下的标准向劳动者加付赔偿金： ①未按照劳动合同的约定或者国家规定及时足额支付劳动者劳动报酬的； ②低于当地最低工资标准支付劳动者工资的； ③安排加班不支付加班费的。 （3）用人单位依照《劳动合同法》规定应当向劳动者每月支付2倍的工资或者应当向劳动者支付赔偿金而未支付的，劳动行政部门应当责令用人单位支付
	4. 用人单位违反法律规定解除和终止劳动合同的法律责任。 （1）用人单位违反《劳动合同法》规定解除或者终止劳动合同的，应当依照《劳动合同法》规定的经济补偿标准的2倍向劳动者支付赔偿金。 （2）用人单位解除或者终止劳动合同，未依照《劳动合同法》规定向劳动者支付经济补偿的，由劳动行政部门责令限期支付经济补偿；逾期不支付的，责令用人单位按应付金额50%以上100%以下的标准向劳动者加付赔偿金。

项　目	内　容
用人单位违反《劳动合同法》的法律责任	（3）用人单位违反《劳动合同法》规定未向劳动者出具解除或者终止劳动合同的书面证明，由劳动行政部门责令改正；给劳动者造成损害的，应当承担赔偿责任。 （4）劳动者依法解除或者终止劳动合同，用人单位扣押劳动者档案或者其他物品的，由劳动行政部门责令限期退还劳动者本人，并以每人500元以上2 000元以下的标准处以罚款；给劳动者造成损害的，应当承担赔偿责任
	5. 其他法律责任。 （1）用人单位招用与其他用人单位尚未解除或者终止劳动合同的劳动者，给其他用人单位造成损失的，应当承担连带赔偿责任。 （2）劳务派遣单位、用工单位违反《劳动合同法》有关劳务派遣规定的，由劳动行政部门责令限期改正；逾期不改正的，以每人5 000元以上1万元以下的标准处以罚款，对劳务派遣单位，吊销其劳务派遣业务经营许可证。用工单位给被派遣劳动者造成损害的，劳务派遣单位与用工单位承担连带赔偿责任。 （3）对不具备合法经营资格的用人单位的违法犯罪行为，依法追究法律责任；劳动者已经付出劳动的，该单位或者其出资人应当依照《劳动合同法》

项目	内　容
用人单位违反《劳动合同法》的法律责任	的有关规定向劳动者支付劳动报酬、经济补偿、赔偿金；给劳动者造成损害的，应当承担赔偿责任。 （4）个人承包经营违反《劳动合同法》规定招用劳动者，给劳动者造成损害的，发包的组织与个人承包经营者承担连带赔偿责任
劳动者违反劳动合同法律制度的法律责任	1. 劳动合同被确认无效，给用人单位造成损失的，有过错的劳动者应当承担赔偿责任
	2. 劳动者违反《劳动合同法》规定解除劳动合同，给用人单位造成损失的，应当承担赔偿责任
	3. 劳动者违反劳动合同中约定的保密义务或者竞业限制，劳动者应当按照劳动合同的约定，向用人单位支付违约金。给用人单位造成损失的，应当承担赔偿责任
	4. 劳动者违反培训协议，未满服务期解除或者终止劳动合同的，或者因劳动者严重违纪，用人单位与劳动者解除约定服务期的劳动合同的，劳动者应当按照劳动合同的约定，向用人单位支付违约金

【要点15】职工基本养老保险费的缴纳（掌握）

项目	内　　容
缴费主体	基本养老保险费 = 单位缴费 + 个人缴费
个人缴费	**本人月缴费工资 × 8%** 提示：缴费工资，一般为职工本人上一年度月平均工资 1. 本人月平均工资低于当地职工月平均工资 **60%** 的，按当地职工月平均工资的 **60%** 作为缴费基数。 2. 本人月平均工资高于当地职工月平均工资 **300%** 的，按当地职工月平均工资的 **300%** 作为缴费基数，超过部分不计入缴费工资基数，也不计入计发养老金的基数
个人账户	1. 基本养老金由统筹养老金和个人账户养老金组成。 2. 个人账户不得提前支取，记账利率不得低于银行定期存款利率，免征利息税

【要点16】基本养老保险的享受条件和待遇（掌握）

项目	内容
享受条件	1. 年龄条件：达到法定退休年龄。 企业职工退休年龄： （1）男年满60周岁，女工人年满50周岁，女干部年满55周岁。 （2）从事井下、高温、高空、特别繁重体力劳动或其他有害身体健康工作的，退休年龄为男年满55周岁，女年满45周岁。 （3）因病或非因工致残，由医院证明并经劳动能力鉴定委员会确认完全丧失劳动能力的，退休年龄为男年满50周岁，女年满45周岁。 提示：2024年9月13日，第十四届全国人民代表大会常务委员会第十一次会议通过《国务院关于渐进式延迟法定退休年龄的办法》，自2025年1月1日起施行。从2025年1月1日起，男职工和原法定退休年龄为55周岁的女职工，法定退休年龄每4个月延迟一个月，分别逐步延迟至63周岁和58周岁；原法定退休年龄为50周岁的女职工，法定退休年龄每2个月延迟1个月，逐步延迟至55周岁。 2. 缴费条件：累计缴费满15年。参加职工基本养老保险的个人，达到法定退休年龄时累计缴费满15年的，按月领取基本养老金

续表

项目	内　　容
待遇	1. 支付职工基本养老金。 职工基本养老金的支付方法：对符合基本养老保险享受条件的人员，国家按月支付基本养老金。 2. 丧葬补助金和遗属抚恤金。 （1）参加基本养老保险的个人，因病或者非因工死亡的，其遗属可以领取丧葬补助金和抚恤金，所需资金从基本养老保险基金中支付。 （2）但如果个人死亡同时符合领取基本养老保险丧葬补助金、工伤保险丧葬补助金和失业保险丧葬补助金条件的，其遗属只能选择领取其中的一项。 3. 病残津贴。 参加基本养老保险的个人，在未达到法定退休年龄时因病或者非因工致残完全丧失劳动能力的，可以领取病残津贴，所需资金从基本养老保险基金中支付

【要点17】职工基本医疗保险费的缴纳（掌握）

项目	内　　容
构成	基本医疗保险基金由统筹基金和个人账户构成
单位缴费	一般为职工工资总额的**6%左右**。用人单位缴纳的基本医疗保险费分为两部分，一部分用于建立统筹基金，另一部分划入个人账户
基本医疗保险个人账户的资金来源	个人缴费部分：一般为本人工资收入的**2%**
	用人单位缴费的划入部分：一般为**30%左右**

学习心得 ....

....

....

【要点18】职工基本医疗费用的结算（掌握）

项　目	内　　容
享受条件	1. 参保人员必须到基本医疗保险的定点医疗机构就医、购药或到定点零售药店购买药品。2. 参保人员在看病就医过程中所发生的医疗费用必须符合基本医疗保险药品目录、诊疗项目、医疗服务设施标准的范围和给付标准
支付标准	1. 起付标准，又称起付线，一般为当地职工年平均工资的 10% 左右。最高支付限额，又称封顶线，一般为当地职工年平均工资的 6 倍左右。支付比例一般为 90%； 2. 参保人员在社会医疗统筹基金起付标准以下的费用部分，由个人账户资金支付或个人自付；统筹基金起付线以上至封顶线以下的费用部分，个人也要承担一定比例的费用，一般为 10%，可由个人账户支付也可自付。参保人员在封顶线以上的医疗费用部分，可以通过单位补充医疗保险或参加商业保险等途径解决
不纳入基本医疗保险基金的情形	1. 应当从工伤保险基金中支付的。2. 应当由第三人负担的。3. 应当由公共卫生负担的。4. 在境外就医的

【要点 19】医疗期（掌握）

实际工作年限	在本单位工作年限（用 X 表示）	医疗期
<10 年	<5 年	3 个月（6 个月内休完）
	≥5 年	6 个月（12 个月内休完）
≥10 年	<5 年	6 个月（12 个月内休完）
	5 年≤X<10 年	9 个月（15 个月内休完）
	10 年≤X<15 年	12 个月（18 个月内休完）
	15 年≤X<20 年	18 个月（24 个月内休完）
	≥20 年	24 个月（30 个月内休完）

【要点 20】医疗期内的待遇（掌握）

项目	内　容
支付标准	病假工资或疾病救济费可以低于当地最低工资标准支付，但最低不能低于最低工资标准的 **80 %**
合同期满	如医疗期内遇合同期满，则合同必须续延至医疗期满，职工在此期间仍然享受医疗期内待遇
经济补偿	对医疗期满尚未痊愈者，或者医疗期满后，不能从事原工作，也不能从事用人单位另行安排的工作，被解除劳动合同的，用人单位需按经济补偿规定给予其经济补偿

【要点21】工伤保险的概念和缴纳（掌握）

项目	内　　容
概念	工伤保险，是指劳动者在职业工作中或规定的特殊情况下遭遇意外伤害或职业病，导致暂时或永久丧失劳动能力以及死亡时，劳动者或其遗属能够从国家和社会获得物质帮助的社会保险制度
缴费	职工应当参加工伤保险，由用人单位缴纳工伤保险费，职工不缴纳工伤保险费

学习心得

【要点22】 工伤认定和劳动能力鉴定（掌握）

项目	内　　容
应当认定工伤的情形	1. 在工作时间和工作场所内，因工作原因受到事故伤害的。 2. 工作时间前后在工作场所内，从事与工作有关的预备性或收尾性工作受到事故伤害的。 3. 在工作时间和工作场所内，因履行工作职责受到暴力等意外伤害的。 4. 患职业病的。 5. 因工外出期间，由于工作原因受到伤害或者发生事故下落不明的。 6. 在上下班途中，受到非本人主要责任的交通事故或者城市轨道交通、客运轮渡、火车事故伤害的。 7. 法律、行政法规规定应当认定为工伤的其他情形
视同工伤的情形	1. 在工作时间和工作岗位，突发疾病死亡或者在48小时内经抢救无效死亡的。 2. 在抢险救灾等维护国家利益、公共利益活动中受到伤害的。 3. 原在军队服役，因战、因公负伤致残，已取得革命伤残军人证，到用人单位后旧伤复发的

续表

项目	内　容
不认定为工伤的情形	1. 故意犯罪。 2. 醉酒或者吸毒。 3. 自残或者自杀
劳动能力鉴定	劳动功能障碍分为十个伤残等级，最重的为一级，最轻的为十级。生活自理障碍分为三个等级：生活完全不能自理、生活大部分不能自理和生活部分不能自理。 自劳动能力鉴定结论作出之日起1年后，工伤职工或者其近亲属、所在单位或者经办机构认为伤残情况发生变化的，可以申请劳动能力复查鉴定

【要点 23】 工伤保险待遇（掌握）

项目	内　　容
工伤医疗待遇	职工因工作遭受事故伤害或者患职业病进行治疗，享受工伤医疗待遇。包括：（1）治疗工伤的医疗费用（诊疗费、药费、住院费）；（2）住院伙食补助费、交通食宿费；（3）康复性治疗费；（4）停工留薪期工资福利待遇（停工留薪期一般不超过 **12 个月**。伤情严重或者情况特殊，经设区的市级劳动能力鉴定委员会确认，可以适当延长，但延长不得超过 **12 个月**）。工伤职工治疗非因工伤引发的疾病，不享受工伤医疗待遇，按照基本医疗保险办法处理
辅助器具装配	工伤职工因日常生活或者就业需要，经劳动能力鉴定委员会确认，可以安装假肢、矫形器、假眼、假牙和配置轮椅等辅助器具，所需费用按照国家规定的标准从工伤保险基金中支付
伤残待遇	经劳动能力鉴定委员会鉴定，评定伤残等级的工伤职工，享受伤残待遇。包括：（1）生活护理费；（2）一次性伤残补助金；（3）伤残津贴；（4）一次性工伤医疗补助金和一次性伤残就业补助金

续表

项目	内　　容
工亡待遇	职工因工死亡，或者伤残职工在停工留薪期内因工伤导致死亡的，其近亲属按照规定从工伤保险基金领取丧葬补助金、供养亲属抚恤金和一次性工亡补助金
特别规定	1. 工伤保险中所称的本人工资，是指工伤职工因工作遭受事故伤害或者患职业病前 12 个月平均月缴费工资。本人工资高于统筹地区职工平均工资 300% 的，按照统筹地区职工平均工资的 300% 计算；本人工资低于统筹地区职工平均工资 60% 的，按照统筹地区职工平均工资的 60% 计算。 2. 工伤职工有下列情形之一的，停止享受工伤保险待遇： （1）丧失享受待遇条件的；（2）拒不接受劳动能力鉴定的；（3）拒绝治疗的。 3. 工伤职工符合领取基本养老金条件的，停发伤残津贴，享受基本养老保险待遇。基本养老保险待遇低于伤残津贴的，由工伤保险基金补足差额。 4. 职工所在用人单位未依法缴纳工伤保险费，发生工伤事故的，由用人单位支付工伤保险待遇。 5. 由于第三人的原因造成工伤，第三人不支付工伤医疗费用或者无法确定第三人的，由工伤保险基金先行支付。工伤保险基金先行支付后，有权向第三人追偿。

项目	内　　容
特别规定	6. 职工（包括非全日制从业人员）在两个或两个以上用人单位同时就业的，各用人单位应分别为职工缴纳工伤保险费。职工发生工伤，由职工受到伤害时工作的单位依法承担工伤保险责任

⏱ 学习心得

【要点24】失业保险的概念和缴纳（掌握）

项目	内 容
概念	失业保险是指国家通过立法强制实行的，由社会集中建立基金，保障因失业而暂时中断生活来源的劳动者的基本生活，并通过职业培训、职业介绍等措施促进其再就业的社会保险制度
缴纳	根据《失业保险条例》的规定，城镇企业事业单位按照本单位工资总额的2%缴纳失业保险费，职工按照本人工资的1%缴纳失业保险费。 为减轻企业负担，促进扩大就业，人力资源和社会保障部、财政部数次发文降低失业保险费率，将用人单位和职工失业保险缴费比例总和从3%阶段性降至1%，个人费率不得超过单位费率

学习心得

【要点 25】失业保险待遇（掌握）

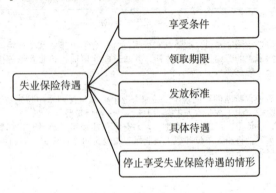

项目	内　容
享受条件	1. 失业前用人单位和本人已经缴纳失业保险费满1年的。 2. 非因本人意愿中断就业的，包括以下情形：（1）终止劳动合同的；（2）被用人单位解除劳动合同的；（3）被用人单位开除、除名和辞退的；（4）用人单位以暴力、威胁或者非法限制人身自由的手段强迫劳动，劳动者解除劳动合同的；（5）用人单位未按照劳动合同约定支付劳动报酬或者提供劳动条件，劳动者解除劳动合同的；（6）法律、行政法规另有规定的。 3. 已经进行失业登记，并有求职要求的
领取期限	1. 失业人员失业前用人单位和本人累计缴费满1年不足5年的，领取失业保险金的期限最长为12个月；累计缴费满5年不足10年的，领取失业保险金的期限最长为18个月；累计缴费10年以上的，领取失业保险金的期限最长为24个月。 2. 重新就业后，再次失业的，缴费时间重新计算，领取失业保险金的期限与前次失业应当领取而尚未领取的失业保险金的期限合并计算，最长不超过24个月。 提示：（1）失业人员因当期不符合失业保险金领取条件的，原有缴费时间予以保留，重新就业并参保的，缴费时间累计计算。（2）自2019年12月起，延长大龄失业人员领取失业保险金期限，对领取失业保险金期满仍未就业且距法定退休年龄不足1年的失业人员，可继续发放失业保险金至法定退休年龄

续表

项目	内　　容
发放标准	失业保险金的标准，不得低于城市居民最低生活保障标准，一般也不高于当地最低工资标准
其他失业保险待遇	1. 领取失业保险金期间享受基本医疗保险待遇。 2. 领取失业保险金期间的死亡补助。 3. 职业介绍与职业培训补贴。 4. 国务院规定或者批准的与失业保险有关的其他费用
停止享受失业保险待遇的情形	失业人员在领取失业保险金期间有下列情形之一的，停止领取失业保险金，并同时停止享受其他失业保险待遇： （1）重新就业的。 （2）应征服兵役的。 （3）移居境外的。 （4）享受基本养老保险待遇的。 （5）被判刑收监执行的。 （6）无正当理由，拒不接受当地人民政府指定部门或者机构介绍的适当工作或者提供培训的。 （7）有法律、行政法规规定的其他情形的

【要点26】社会保险经办与管理（熟悉）

项目		内　　容
社会保险经办机构	人力资源社会保障行政部门	主管基本养老保险、工伤保险、失业保险等社会保险经办工作
	医疗保障行政部门	主管基本医疗保险、生育保险等社会保险经办工作
社会保险登记	用人单位	用人单位在登记管理机关办理登记时，同步办理社会保险登记
	个人	用人单位应当自用工之日起30日内为其职工向社会保险经办机构申请办理社会保险登记
		自愿参加社会保险的无雇工的个体工商户、未在用人单位参加社会保险的非全日制从业人员以及其他灵活就业人员，应当向社会保险经办机构申请办理社会保险登记

项目	内 容	
社会保险转移、变更和注销	关系转移	参加职工基本养老保险、基本医疗保险、失业保险的个人跨统筹地区就业,其职工基本养老保险、职工基本医疗保险、失业保险关系随同转移
		参加职工基本养老保险的个人在机关事业单位与企业等不同性质用人单位之间流动就业,其职工基本养老保险关系随同转移
		参加工伤保险、生育保险的个人跨统筹地区就业,在新就业地参加工伤保险、生育保险
	变更和注销	用人单位和个人申请变更、注销社会保险登记,社会保险经办机构应当自收到申请之日起10个工作日内办理完毕
		用人单位注销社会保险登记的,应当先结清欠缴的社会保险费、滞纳金、罚款

续表

项目	内　容
社会保险待遇核定和支付	用人单位和个人向社会保险经办机构提出领取基本养老金的申请，社会保险经办机构应当自收到申请之日起20个工作日内办理完毕
	个人医疗费用、生育医疗费用中应当由基本医疗保险（含生育保险）基金支付的部分，由社会保险经办机构审核后与医疗机构、药品经营单位直接结算
	个人治疗工伤的医疗费用、康复费用、安装配置辅助器具费用中应当由工伤保险基金支付的部分，由社会保险经办机构审核后与医疗机构、辅助器具配置机构直接结算
	个人申领失业保险金，社会保险经办机构应当自收到申请之日起10个工作日内办理完毕。个人在领取失业保险金期间，社会保险经办机构应当从失业保险基金中支付其应当缴纳的基本医疗保险（含生育保险）费

续表

项目	内　容
社会保险待遇核定和支付	个人申领职业培训等补贴，应当提供职业资格证书或者职业技能等级证书。社会保险经办机构应当对职业资格证书或者职业技能等级证书进行审核，并自收到申请之日起 10 个工作日内办理完毕
	个人出现国家规定的停止享受社会保险待遇的情形，用人单位、待遇享受人员或者其亲属应当自相关情形发生之日起 20 个工作日内告知社会保险经办机构，社会保险经办机构核实后应当停止发放相应的社会保险待遇

【要点27】社会保险费征缴与管理（掌握）

项目	内　容
具体规定	为提高社会保险资金征管效率，将基本养老保险费、基本医疗保险费、失业保险费等各项社会保险费交由税务部门统一征收。 按照改革相关部署，自2019年1月1日起由税务部门统一征收各项社会保险费和先行划转的非税收入
	用人单位应当自行申报、按时足额缴纳社会保险费，非因不可抗力等法定事由不得缓缴、减免。 职工应当缴纳的社会保险费由用人单位代扣代缴，用人单位应当按月将缴纳社会保险费的明细情况告知职工本人。缴费单位应当每年向本单位职工公布本单位全年社会保险费缴纳情况，接受职工监督。 无雇工的个体工商户、未在用人单位参加社会保险的非全日制从业人员以及其他灵活就业人员，可以直接向社会保险费征收机构缴纳社会保险费

【要点28】社会保险基金管理（熟悉）

项目	内　　容
具体规定	除基本医疗保险基金与生育保险基金合并建账及核算外，其他各项社会保险基金按照社会保险险种分别建账，分账核算，执行国家统一的会计制度。社会保险基金专款专用，任何组织和个人不得侵占或者挪用
	社会保险基金存入财政专户，按照统筹层次设立预算，通过预算实现收支平衡。县级以上人民政府在社会保险基金出现支付不足时，给予补贴。社会保险经办机构应当定期向社会公布参加社会保险情况以及社会保险基金的收入、支出、结余和收益情况
	社会保险基金在保证安全的前提下，按照国务院规定投资运营实现保值增值。不得违规投资运营，不得用于平衡其他政府预算，不得用于兴建、改建办公场所和支付人员经费、运行费用、管理费用，或者违反法律、行政法规规定挪作其他用途